W0349498

SIRIUS VERLAG

Christel Katharina Deutsch

Gespräche mit DER GÖTTIN

SIRIUS VERLAG

Herausgeber: Hans P. Deutsch

Erstauflage September 2005

Schönfließer Str. 62 • 13465 Berlin

✆ 030 - 89 222 -11
Fax 030 - 89 222 -10

bestell@siriusverlag.de

www.siriusverlag.de
www.christel-katharina-deutsch.com
www.gespraeche-mit-der-goettin.de
www.siriusstiftung.de
www.haltet-frieden.de

Die Deutsche Bibliothek verzeichnet diese Publikation in der Deutschen Nationalbibliographie; detaillierte bibliographische Daten sind im Internet über http://dnb.ddb.de abrufbar

Lektorat: Anna-Christine Raßmann
Schlußlektorat: Dr. phil. Oliver Geldszus
Umschlaggestaltung und Layout: Michael Kumpf
Gesamtherstellung: Ueberreuter Print und Digimedia GmbH

Gedruckt auf **FSC** Mixed Cordier Spezialpapier (40 % aus Recyclingmaterial, 60 % aus zertifizierter Forstwirtschaft), entwickelt auf Initiative des Carlsen Verlages für die deutschen Harry Potter Ausgaben. Für die Einschweißung wurde PVC-freie Folie verwendet.

Gesetzt aus der Palatino 11 pt.

Printed in Austria

ISBN 10: 3-9802651-8-8
ISBN 13: 978-3-9802651-8-8

Einleitung

Im Laufe meiner Arbeit als Heilpraktikerin und Gesprächstherapeutin habe ich hauptsächlich Frauen in meiner Praxis begrüßt. Frauen, die durch die Mehrfachbelastung - Familie und Beruf - ausgebrannt waren. Frauen, die mißbraucht, geschändet waren und solche, die einst, weil sie „nur" ein Mädchen waren, ohne herzliches Willkommen die Erde betraten. Die Gefühle dieser Frauen, die bereits in ihrer Kindheit liebevolle Anerkennung missen mußten, konnte ich gut nachvollziehen. Der Kindheit kaum entwachsen, schrieb ich vor einigen Jahren diese Verse:

„Nur"

Die Blinden sehen
und die Lahmen gehen,
wenn sie das Wunder trifft.
Ich bleibe taub.
Ein „Nur" bin ich -
nichts als ein „Nur".
Nur die - nicht sie.
Nur Streiflicht - und kein Sonnenstrahl,
nur Grütze - und kein Hochzeitsmahl.
Nur die Umarmung ohne Liebeskuß,
ein „Nur" halt eben - und dann Schluß.
Ich will ja gar nicht Alles sein -
doch immer nur ein „Nur" zu sein - das macht so müde
und allein.

Diese Zeit der - lassen Sie es mich Würdelosigkeit nennen - hielt fast mein ganzes bisheriges Leben an, aber das aufgezwungene Gefühl, minderwertig zu sein, veranlaßte mich, einen Pilgerpfad zu beschreiten, eine Suche zu beginnen, an deren ersehntem Ziel ich eine Mutter zu finden hoffte. Mir war nicht bewußt, daß ich diese „Queste" mit vielen Frauen und für die Frauen, meine Schwestern, unternahm.

In der Gestalt der Gottesmutter berührte mich ein erstes, scheues Wissen, aber es sollte noch lange dauern, bis sich das Bild einer Urmutter verdichtete. Ich befaßte mich mit frühzeitlichen Kulturen, mein Interesse wurde wachgerufen durch mein Nachforschen über den keltischen Ursprung der Bach-Blüten. Und da war sie, Die Göttin, die Große Mutter. Einmal in Ihrer Vielfalt und umfassenden Liebe erkannt, konnte ich Sie nicht mehr verlieren, denn Flora und Fauna, Sonne, Mond und Sterne, Wasser und Stein – alles sprach mit Ihrer Stimme, alles präsentierte Ihre lebendige Schöpferkraft.

Es kam ein Tag, da die Große Mutter deutlich zu mir, Ihrer Tochter und Priesterin, sprach: „Alle Frauen dieser Erde sind meine Töchter, meine Priesterinnen, ob sie es wissen oder nicht", versicherte Sie immer wieder. Dann bat mich die

Mutter, unsere Dialoge aufzuschreiben, zum Trost für die Frauen, und damit sie sich ihrer eingeborenen Würde wieder bewußt werden. „Heilung meiner Töchter bedeutet Heilung für den Planeten Erde!“ versprach Sie. Geben wir uns Ihrem heilenden Segen hin!

1

Ja, du hast recht. Ich spreche mit euch. Sobald ihr mich ruft, antworte ich euch, wenn ihr mit Fragen zu mir kommt, gebe ich euch Erklärungen. Seid ihr in Not und bittet mich um Hilfe, wende ich mich euch zu.

Um zu trösten?

Auch. Aber wenn es gut und wichtig für euch, für eure Entwicklung ist - auch als Beispiel für andere, was Bitten bewirkt - helfe ich euch, erfülle Wünsche.

Wenn wir um unser tägliches Brot bitten -

Oh, du spielst auf das „Mutter unser“ an. Die Mutter backt das Brot, die Mutter verteilt es. Das Korn allerdings wächst mit der männlichen Kraft des Sonnenlichtes. Der Teig wiederum wird im Feuer, das ein männliches Element ist, gegart.

Hast Du dieses Element nicht in Dir?

Doch, in mir, der Göttin, sind alle Elemente in voller Ausgewogenheit vorhanden. Auch in mir waltet die Sonnen-, die Himmelskraft. Ich bin Erde und Wasser. In der Verschmelzung all dieser

Kräfte und Mächte ist die Gottheit. Nichts Vollkommenes existiert, das nicht in sich das weibliche und männliche Prinzip vereinigt. Die Gottheit ist höchste Harmonie.

Aber warum kennen die Menschen Dich kaum noch?

Aus Neid und Angst wurde ich verdrängt, denn ich bin die Urgebärende. Als ich die Mächte des Wassers und der Erde aktivierte, entstand das, was ihr heute „Urschlamm“ nennt. Das war mein Schoß, und aus ihm ging das Leben hervor.

Und dann?

Ich rief nach der Sonne, dem Licht, dem Feuer, und es trat im selben Augenblick hervor. Mein Wollen hat das Männliche aus mir heraus manifestiert. Ich habe den männlichen Gott geboren.

Aber das Männliche in Dir hatte Dich nicht verlassen, und doch warst Du nur noch weiblich.

Nein, alle Kräfte des Weiblichen und Männlichen sind in Fülle nach wie vor in mir vorhanden. Das Göttliche ist unerschöpflich, meine Tochter.

Du sprichst von Elementen. Welche Elemente meinst Du?

Die vier Urelemente. Das Wasser und die Erde sind weiblich, stehen für Liebe und Fülle. Luft und Feuer sind männlich und beinhalten Weisheit und Macht.

Ich fange an zu zweifeln.

Ich sehe es. Du magst nicht hören von der Weisheit und Macht der Männer. Du hast schon recht. In der Politik, zum Beispiel, findest du praktisch keine weisen Männer mehr. Gezüchteter Intellekt und Eitelkeit, gepaart mit Habgier, machen die Weisheit stumpf. Hinter dem Wort „Macht" stehen zu düstere Begriffe wie Unterdrückung, Willkür, Tyrannei und Terror. Macht ausüben heißt jedoch kraftvoll sein, die Schwachen behüten und furchtlos für Gerechtigkeit einstehen. Du wirst noch einige erweiternde Möglichkeiten finden, wenn du nachdenkst.

Erde und Wasser, das heißt Fülle und Liebe, sind also das Mütterliche, und Weisheit gleich Luft und Feuer gleich Macht sind väterliche Aspekte, die für klugen Weitblick und ehernen Schutz stehen. In den alten Zeiten wird es so gewesen sein, das ist vorstellbar.

So könnte es heute noch sein, wenn die Menschen diese Anlagen, die das lebendige Sein bedeuten, nicht immer mehr verkümmern ließen. Dadurch wird die Welt lichtloser. Der Himmel zieht sich in sich selbst zurück, und ich, die Große Mutter leide.

Was muß getan werden, um Dein Leiden, das auch unseres ist, zu heilen?

Ihr müßt lernen, in gegenseitigem Respekt zu leben. Männer müssen den Göttinnenanteil der Frauen wieder ehren, und Frauen müssen endlich anfangen, den göttlichen Partner zu akzeptieren und zu achten. Ja, nun legst du schon wieder die Stirn in Falten. Die Männer haben vor Jahrtausenden mich, die Große Mutter, die Göttin, vertrieben, weil ihr, meine Priesterinnen, sie nicht eingeweiht habt. Aus Angst vor dem Geheimnis „Frau" wurde ich schließlich verjagt, habe mich schließlich ganz und gar zurückgezogen. Meine hohen Priesterinnen wurden in Ketten gelegt und am Ende getötet, weil die den Frauen innewohnende Hoheit der Schöpferin Panik verbreitete. Aber man kann die Würde einer Priesterin vielleicht verletzen oder vergraben - wirklich töten kann man sie nicht, denn sie ist meinen unsterblichen Töchtern eingeboren. Jetzt ist die Zeit reif, euren und meinen erneuten Siegeszug vorzubereiten, und ihr werdet erfahren, wie nach meiner Heimkehr zu euch das öde Land wieder fruchtbar wird und die Wunden, die bedenkenlose Habgier geschlagen haben, verheilen. Dann ist das schwarze Zeitalter vorüber. Es wird keine Kriege, keine Hungersnöte mehr geben.

Hungersnöte...

Geh schlafen, Tochter, und diene mir morgen wieder.

*

Gestern habe ich Dir nicht gedient. Ich habe keine Zeit gefunden, mich zu einem Gespräch mit Dir hinzusezen.

Dienen, liebe Tochter, kannst du auf viele unterschiedliche Arten. Hast du gestern nicht die Blumen schön hergerichtet, die Vögel liebevoll gefüttert, deinen Mann umsorgt und für den zur Zeit zerrütteten Freund eine gemütliche Kaffeestunde bereitet? Wenn du den Alltag aus liebendem Herzen heraus mit Licht erfüllst, so gut du es vermagst, dienst du mir.

Du bist großzügig und gnädig, Mutter.

Nenne es lieber Dankbarkeit. Seit männliche Eitelkeit und Ignoranz sich gegen euch Frauen und somit gegen mich erhoben haben und das Leiden der Menschheit und der Erde begann, empfinde ich alles, was ihr Gutes tut, als Trost, der meine Schmerzen lindert. Siehe, dafür bin ich dankbar.

Wenn Du das sagst, muß ich weinen, denn es ist wenig, was wir für Dich, für unseren Planeten, tun.

Mitgefühl - nicht Mit-Leiden - ist Balsam für die verdunkelten und verletzten Seelen. Mitgefühl darf sich niemals erschöpfen, etwa in Ungeduld zu Asche werden. Heilerinnen und Heiler neigen manchmal dazu, unwirsch zu werden, wenn sie meinen, ihre Bemühungen würden nicht auf fruchtbaren Boden fallen. Das ist sehr menschlich. Sie wenden sich zuweilen sogar zornig ab und möchten den Kranken, der doch ein Gekränkter ist, seinem harten Los überlassen. Aber nur aus einem unaufhörlich fließenden Strom liebevoller Zuwendung kann Heilung geschehen. Ich wünschte, ihr würdet das nie vergessen, auch nicht, wenn die Hartgesottenen, die „Drehtür - Fälle“, euch manchmal Energie stehlen. Sie bedürfen der erquickenden Fülle, wie der Wüstenboden. Aber schau nur, was alles es blühen kann, wenn sanfter Regen den trockenen Sand nährt.

Doch es geschieht mir zum Beispiel auch, daß ich nach einer Therapiestunde völlig ermattet zurückbleibe, zuweilen treten sogar die Symptome des Patienten kurzfristig auf, oder ich werde tatsächlich krank. Dann heißt es immer: " Du grenzt dich nicht genügend ab." Das kann ja sein, doch irgendwie vergesse ich dieses „Abgrenzen" meist.

Du bemühst dich, sehr genau zuzuhören, den Hilfesuchenden holistisch zu erfassen, läßt dich völlig auf ihn ein. Das ist wichtig, weil ein kranker, ein gekränkter Mensch viele Blockaden hat. Oft kann er die Ursachen seiner Probleme, auch seiner gesundheitlichen Probleme, nicht erkennen. Du mußt also hören, was er nicht sagt, und sehen, was er nicht oder nur sehr versteckt signalisiert. Das macht den Behandler mitunter müde, laugt ihn aus, besonders, wenn es lange dauert, bis der Patient dir zu folgen beginnt, was eine Frage des Vertrauens ist, verstehst du? Ist gar Urvertrauen zerstört, dauert es manchmal nahezu ein ganzes Leben, oder viele Leben, bis eine vertrocknete Knospe sich doch wieder erholt und sich endlich dem Licht öffnet.

Mit Deinen Worten gibst Du mir viel Mut und ermahnst zugleich, Mutter.

Mögest du sie nicht vergessen. Und wenn doch, dann begib dich einfach zu mir. Halte deine Hände unter fließendes Wasser, gehe im Sommer eine Weile ohne Schuhe, suche direkten Kontakt mit mir, mit der Erde. Und vor allen Dingen, begib dich ins Freie - du hast ja den Wald vor der Tür - und fülle deine Lungen mit meinem Atem.

Viele von uns leben in der Stadt, muß ich jetzt einwenden.

Gibt es dort keine Bäume, an deren Stamm man sich lehnen kann? Wachsen im Betondschungel keine Sträucher, über deren Zweige man mit sanfter Hand streichen kann? Gibt es keine Blumenläden, wo ihr eine Blüte erstehen könnt? Habt ihr, meine Heilerinnen und Heiler, etwa nicht die Möglichkeit, zu Hause Musik zu hören, deren leise Klänge eure vibrierenden Nerven wieder harmonisieren? Sucht die Ruhe und die Stille - zwischen beiden gibt es einen Unterschied - dann fühlt ihr, wie euch meine mütterlichen Arme umfangen, und ihr findet Frieden.

Verdeutlichst Du mir den Unterschied zwischen „Ruhe" und „Stille"?

Zieht euch aus der Hast und dem Getriebe des Alltags zurück. Wählt euch einen Ort, wo ihr wenigstens für kurze Zeit ungestört seid. Entspannt euch, schließt einen Moment die Augen. Gebt eurem Herzen den Auftrag, ruhig und regelmäßig zu schlagen, und laßt euren Atem einfach fließen. Ruhe! Ruhe! Ihr werdet bemerken, wie Lärm und Geräusche zurückweichen. Frieden wird seinen Mantel um euch breiten, und langsam, stetig fließt euch Kraft zu. Diese Kraft gibt euch nun die Stärke, in die Stille zu gehen.

Bedarf es einer besonderen Kraft, um die Stille ertragen zu können?

Das ist tatsächlich so, denn in der Stille erhebe ich meine Stimme.
Ihr begegnet mir, und ich führe euch zu euch selbst. Menschen sind oft verwirrt oder bekommen Angst, wenn sie mit sich selbst konfrontiert sind. Der Müll von Jahrtausenden lastet auf euch und verhindert, daß ihr euch in eurem ursprünglichen Glanz erfahren könnt. Doch wenn ihr schrittweise die heilige Stille ertastet, werdet ihr euch immer freudiger im Spiegel der Gottheit erkennen. Darum kontempliert und meditiert, laßt den Verstand schweigen und werdet Licht.

Danke, Göttin, Große Mutter.

Nenne mich einfach „Mutter", denn das bin ich.
Ich bin die Schöpferin, die Gebärende,

und ich bin die, welche euch nach jedem Leben in ihren Schoß zurücknimmt und in eure Auferstehung wiegt. Die Menschen haben diese einfache Wahrheit in vielen Mythen geschildert, haben Philosophien und Religionen daraus gemacht. Manche haben den noch notwendigen Tod zur Strafe stilisiert, die Tatsache der Erneuerung und Wiedergeburt geleugnet, um aus der Angst vor Bestrafung möglichst viel Kapital zu schlagen. Lies das alte Testament und sieh, was die Kirchen bis heute tun.

Ich mag das nicht mehr lesen und sehen!

Das ist eine gesunde Einstellung.

Da wir gerade von Strafen sprechen: Eine irdische Mutter straft auch.

Glaubst du, das mache ich nicht?

Doch, Du schickst Krankheiten, Hungersnöte, Kriege und das Verderben und das Leiden. Schrecken und Tod zermalmen die Menschen, die Völker.

Da beginnen die Missetäter bereits zu sühnen. Es sind allein die Übeltaten, die du eben aufgezählt hast, die das Leiden verursachen. Ihr bewirkt eure „Strafe“, nicht ich. Ich bin voller Kummer, wenn ich sehe, was ihr aus Haß und Habsucht treibt, wie am Ende meine Kinder sich gegenseitig ermorden. Wie, meinst du, könnten diese entsetzlichen Frevel am nachhaltigsten geahndet werden? Was tat deine Mutter, wenn du unartig warst?

Sie entzog sich und segnete mich nicht.

Ich verschränke meine Arme, wende meine Augen ab und schweige.

Und verschließt dein Herz vor uns.

Nein. Ich wäre nicht die Große Mutter, würde ich das tun. Aber um euch wieder auf den rechten Weg zu bringen, muß ich warten, bis euer Jammer echte Reue wachsen läßt. Sonst lernt ihr nicht, sonst ändert sich nichts in dieser Welt.

Bei allen diesen Verbrechen gibt es zahllose unschuldige Opfer. Warum duldest Du das, Mutter?

Ich weine mit den Rechtschaffenen um diese Opferlämmer. Doch sie setzen Feuerzeichen in die Welt, rühren allmählich an die Verantwortung, die einer für den anderen trägt, bewegen die Herzen, in denen Liebe keimt - und es werden immer mehr solcher Lichtherzen aufflammen, die bald den üblen Weg so deutlich erhellen werden, daß immer mehr Erkenntnis reift und der Entschluß, umzukehren.

Was geschieht mit den unschuldigen Toten?

Ich wiege sie, habe ich dir eben erklärt, und sende sie zurück, erfüllt mit uraltem Wissen und hoher Spiritualität. Viele werden geboren und sind Meister. Sie werden die Lehrer der Verirrten sein und die Menschheit im Triumphzug in das neue, von Liebe und Frieden geprägte Zeitalter führen.

Wenn ich Dir zuhöre, klingt das sehr nach liebevoller Anteilnahme am Schicksal der Erde und der Menschheit. Ich habe jedoch schon oft gelesen und gehört, Gott sei neutral.

Das ist ein schlimmer Unsinn! Habt ihr nicht gelernt und lehrt selbst, daß Gott d i e L I E B E ist? Wie kann die lebendige Liebe neutral sein? Hältst du es für möglich, daß das Göttliche voller Freude und Seligkeit sein kann?

Ich bin davon überzeugt.

So, und warum kann die Gottheit, Mutter und Vater, nicht betroffen, traurig, enttäuscht und auch zornig sein?

Enttäuscht? Wenn das Göttliche - die Gottheit - allwissend ist, wie können wir sie mit unseren Handlungen enttäuschen?

Ihr seid das Ebenbild der Gottheit, begabt mit dem freien Willen. Es ist eine schmerzvolle Trauer, wenn die Gottheit sieht, wie dieser freie Wille durch euer Handeln mißbraucht wird, auch wenn Sie von Anbeginn um eure Fehlhandlungen weiß. Die Göttin und der Gott haben euch beschenkt, wir haben euch gesegnet. Ihr mögt nun diese schmerzhafte Trauer ob eures Verhaltens Enttäuschung nennen. Ihr hegt diese Gefühle genauso, wenn ihr enttäuscht seid. Ich gebe dir ein Beispiel: Wenn ihr operiert werden müßt, wißt ihr, daß viele Schmerzen auf euch zukommen. Bleibt euch trotz dieses Wissens der Schmerz fern?

Nein, natürlich nicht. Doch bei den Menschen bleibt es oft nicht bei einer „Enttäuschung". Manchmal sind wir sogar wütend, wenn jemand aus Boshaftigkeit oder Gier fehlgehandelt hat. Ich gestehe Dir etwas ein, Mutter: Besonders hat uns der amerikanische Präsident George Bush durch seine Kriegstreiberei aus nicht ganz haltbaren Begründungen enttäuscht.

Hältst du ihn jetzt für einen bösen Menschen?

Ich halte ihn immerhin für einen dämonischen Lügner und einen gerissenen Kriegshetzer, und zwar aus Größenwahn und Raffsucht.

Er ist nicht böse und schlecht, Tochter, aber ein wenig hast du recht: Das Gute ist bei ihm nicht an seinem Platz. So haben Dämonen die Möglichkeit wahrgenommen, diesen leeren Platz einzunehmen. Sein gravierender Irrtum ist, daß er sich zu Zeiten als Inkarnation Gottes sieht. Er orientiert sich am Beispiel des alttestamentarischen Vatergottes, der sich unter anderem den Versuch angemaßt hat, in der Sintflut meine geliebte Schöpfung zu ertränken. Ich bin ihm in den Arm gefallen, sandte zuvor meine Engel hernieder, um zu warnen. So konnten viele Wesen gerettet werden. Ich brach die Macht des männlichen Gottes, indem ich einen Bund mit euch schloß, der euch versprach, niemals wieder meine Schöpfung der Vertilgung preiszugeben. Die Erde ist mein - ich b i n die Erde! Siehst du die ähnlichen Omnipotenz-Vorstellungen bei dem männlichen Gott und dem amerikanischen Präsidenten? Auch ihm werde ich in den Arm fallen, Frieden schlichten zwischen den Nationen und unterschiedlichen Religionen.

Beide, Muslime und Christen behaupten, sie würden einen heiligen Krieg führen.

Heilige Kriege gibt es nicht. Ihr alle solltet anerkennen, daß die Gottheit viele Namen und viele Gesichter hat. Im Spiegel der jeweils eigenen Kultur sehen sie deshalb unterschiedlich aus und tragen auch unterschiedliche Namen. Jedoch hinter allem Äußeren leuchtet derselbe Urgrund. Es wird noch etwas Zeit vergehen, bis ihr zu dieser Erkenntnis gereift seid, doch bis dahin gilt es, den Glauben des anderen zu respektieren. Haltet Frieden und verbeugt euch vor dem Göttlichen in euremNächsten. Ihr seid alle meine Kinder, ihr seid Geschwister. Bruderzwist und Brudermord sind die ältesten Schandtaten, welche auf Erden begangen, auf meinem Leib ausgetragen wurden. Und nun sage ich es noch einmal: Haltet endlich Frieden!

Wenn ich hier festhalte, was wir über George Bush gesprochen haben, wird es sicher Leute geben, die mit Steinen nach uns werfen werden, wobei sie Dich nicht treffen können.

Priesterin, fürchtest du dich etwa?

Nicht wirklich - nur ein wenig. Ich bin vor Jahren, kurz nach dem 11. September, schon beschimpft worden, weil ich im Präsidenten von Amerika einen Verderber gesehen habe. Der Mann, der mich angriff, meinte damals, ich sei vom rechten Wege abgekommen.

Ich weiß – vergiß es. Der arme Mann trägt bis zum heutigen Tag riesige Scheuklappen. Er selbst kann überhaupt keine Wege mehr erkennen, nicht einmal seinen eigenen. Außerdem: Ich gebiete über Heerscharen von Engeln, großen, ernsten und mächtigen, kleinen, flinken und fröhlichen. Mein Sohn hat euch verkündet, daß ich auf euer Bitten Engel entsende, damit euer Fuß nicht an einen Stein stoße. Meine Engel können auf mein Geheiß ebenso gut einen Schutzschild bilden, an dem jeder Stein, der dich treffen soll, abprallt.

Der Stein fällt zu Boden, ohne Schaden angerichtet zu haben?

Oder trifft denjenigen, der ihn geschleudert hat. Aber das laß nicht dein Nachdenken sein.

Es tauchen immer neue Fragen auf, Mutter.

Willst du sie mir alle an einem Tag stellen? Der Schöpfungsprozeß hat auch viel Zeit in Anspruch genommen. Und weißt du was? Ich bin noch immer nicht fertig. – Also nimm dir Zeit. Ich gebe sie dir ja.

2

Während des Golfkrieges 1988, auch nach dem Attentat auf das World Trade Center 2oo1 in New York, immer wieder befinde ich mich im Traum an den Orten des Schreckens, sehe und höre dort, was dann ein paar Tage später durch die Medien bestätigt wird. Warum schickst Du mich im Traum in dieses Grauen?

Fühlt sich dein Erleben nach Traum an?

Nein - nach Realität. Ich bin schweißgebadet, atemlos und tränenüberströmt, wenn ich endlich erwachen darf.

Du bist Beobachterin.

Offensichtlich. Ich stehe stets am Rande und schaue zu, kann nichts tun, nicht helfen. Die Menschen, oder Wesen, die in das Geschehen involviert sind, nehmen mich nicht wahr.

Wirklich nicht? Denke nach.

Doch, ja. Ich sehe immer Engel, die auf den Schlachtfeldern, zwischen den Trümmern umhergehen. Menschen klagen, weinen, Kinder rufen verzweifelt nach ihren Eltern, irren herum. Ich sah die Engel trösten. Besonders aufwühlend waren die vielen Kinder, die nach dem Terroranschlag in New York nicht wußten, was mit ihnen geschehen war, und keine Orientierung mehr hatten.

Du hast die Szene beobachtet, und dein Gram war groß. Mit lauter Stimme hast du die Engel um Hilfe angefleht.

Ich erinnere mich. Michael erschien, erstellte einen Lichtkanal und die Schutzengel der verstorbenen Kinder geleiteten die Kleinen von dem Elend fort.

Auf diese Weise gelangten sie auf eine Ebene, wo sie sich erholen und regenerieren konnten.

Sie wurden in Deine Arme geleitet.

Ich nehme alles Leben zurück und lasse es neu werden.

Du hast den Engeln geboten, Retter für die verwirrten Seelen zu sein.

Ja.

Du bist die Königin der Engel. Wann hast Du die Engel erschaffen?

Ich bin auch deren Mutter. Um deine Frage zu beantworten: Hast du schon einmal von einer Frau gehört, die freiwillig alleine gebären will?

Es ist immer eine Schreckensvision aller Schwangeren, mutterseelenallein zu sein, wenn das Kind in die Welt drängt.

Ich bin das Urweibliche, bin die Göttin, bin die Urmutter. Auch ich wollte nicht einsam sein, als ich die Schöpfung hervorbrachte. Darum schuf ich zuerst die Engel. Sie umhegten mich mit ihrer Liebe, sie gaben mir Kraft, wir vertrauten einander. Sie hielten die Energien in harmonischer Bewegung, indem sie vielstimmig die heilige Silbe OM sangen. Sie waren es, die mit ihrem Lächeln, ihrer Freude, die junge Welt begrüßten und danach jedes Sein, das hervortrat. So ist es bis heute geblieben.

Die Engel waren so etwas wie Deine Hebammen. Du lachst leise, Mutter, war es nicht so?

Wenn du menschliche und irdische Maßstäbe anlegen möchtest, ja, dann war es so. Und nun vollbringt mein Engelvolk Hebammenarbeit an meinen Menschenkindern. Sie hüten den Keim eurer wachsenden Spiritualität. Eines nicht so fernen Tages wird diese Spiritualität in machtvollem Glanze hervorbrechen. Dann seid ihr geheilt und gesund und könnt euch zu eurer ursprünglichen Vollkommenheit entfalten, im Äußeren und im seelischen Bereich. Ich habe euch vollkommen gemeint, und ihr werdet wieder vollkommen sein.

Alle gleichzeitig?

Natürlich nicht. Aber weißt du, auch Gesundheit und Vollkommenheit kann ansteckend sein. Die anderen, die langsameren Menschen, werden sich an den Hochentwickelten ausrichten.

Gutes Beispiel verdirbt in diesem Fall schlechte Sitten.

So ungefähr. Da die vollkommen entwickelten Seelen nicht unter fanatischem Eifertum leiden, sondern in liebender Hingabe ein stilles Beispiel geben, werden sie auch nicht auf den Widerstand stoßen, den ein oft grausames, flammendes Eiferertum erweckt.

Werden die Veränderungen, von denen Du sprichst, schnell geschehen?

Ihr nennt es „Aufstieg". Die Energien werden spiralförmig nach oben in den Kosmos gesogen und dort in reines Licht transformiert.

Man sagt, Menschen könnten das reine Licht nicht ertragen.

Meine Engel behüten und begleiten euch. Bereits im Vorfeld des Geschehens werdet ihr viel Ballast abwerfen. Liebevoll geleitet und sanft geführt befreit ihr euch fast unmerklich von Belastendem, von Materiellem und Fehlern, die euch beeinträchtigen.

Du meinst materielle Güter?

Die meine ich auch, ja. Aber das Gold verliert an Gewicht, Reichtum ist kein Kriterium mehr für Ehrung und elitären Anspruch. Meine Gaben, meine nützlichen, spirituellen Gaben, die den Aufstieg der Erde und des Menschengeschlechtes bewirken, werden eine gerechte Verteilung finden.

Wird das eine Art Edelkommunismus sein?

Nenne es so, wenn du möchtest. Ihr braucht ja immer irgendwelche Vergleiche und Vorbilder. Doch mir scheint, du übersiehst, daß euer politischer Kommunismus, wie er praktiziert wird und wurde, nicht vom Gebot der Nächstenliebe geprägt war.

„Liebe deinen Nächsten wie dich selbst."

Falsch. Mein Sohn Jesus, der Christus hat gesagt: „Liebe dich selbst, damit du deinen Nächsten lieben kannst." Um die Gläubigen zu bewegen, Hab und Gut der Kirche zu stiften, hat man das erste und heiligste Gebot verfälscht.

Wie soll man sich denn selbst lieben! Das heißt doch Egoismus und Eitelkeit Vorschub zu leisten - quasi sanktionierter Narzißmus.

Aber Priesterin! Was sagst du denn den Leidenden, die bei dir Rat und Hilfe suchen? Wie oft ermahnst du sie, sich selbst zu lieben?

Du hast recht.

Wie erklärst du: Liebe dich selbst?

Ich versuche mit ihnen zusammen Schuld - und Schamgefühle beiseite zu räumen, die sie wegen all des fehlerhaften Verhaltens in ihrem Leben quälen.

Du bedeutest ihnen, daß erkannte und akzeptierte Fehler die Möglichkeit bieten, an sich zu arbeiten. Auf diese Weise kann der Mensch Stufe um Stufe sein Selbst formen und erhöhen.

Trotzdem werden sie oft rückfällig - zum Beispiel meine Drogenabhängigen - und ihre „Schwäche" droht sie endgültig in den Morast zu ziehen.

Du hast ihnen immer gesagt, jedes unermüdliche Aufstehen wiegt einen noch so schweren Sturz auf.

Ich meinte es auch so.

Ich weiß. Sobald sie dir wieder gegenüber saßen, hast du sie für ihren Mut gelobt. Doch zuvor, wenn sie erneut über deine Schwelle kamen, hast du sie liebevoll begrüßt und umarmt.

Das tat ich, ohne nachzudenken.

Zwei Engel nahmen deine Hände und ließen dich die Arme ausbreiten, und ich, die Große Mutter, erhob meine Kraft und meine Liebe in deinem Herzen.

Tätest Du das nur viel öfter mit den Menschen, Mutter, auch mit mir.

Ich tue es ja. Aber in gepanzerte Herzen dringt kein Laut, und das sanfte Geleit meiner Engel wird „überfühlt", ihre zärtlichen Mahnungen werden „überhört". Sie und ich sind immer gegenwärtig, aber wir drängen uns nie auf. Schau, meine Rückkehr wird gerade erst vorbereitet, obwohl der Festzug, der meine Heimkehr begleitet, sich schon formiert hat. Was die menschliche Ignoranz meinen geliebten Engeln gegenüber betrifft: Bist du nicht auch schon vor dem Ausspruch törichter Menschen zurückgeprallt: „Mit Engeln habe ich nichts am Hut.“?

Inzwischen fange ich an zu lachen und antworte: “Das macht nichts! Aber die Engel haben dich an ihrem Hut“.

Es herrschte großes Gelächter unter diesen meinen Geschöpfen, als du das mit schelmischem Ernst das erste Mal gesagt hast.

Apropos Gelächter: Wird in den unsichtbaren Bereichen gelacht, geweint? Kommt Zorn auf, Trauer?

Wir haben es schon kurz angesprochen. Alle Wesen, auch die aus der unsichtbaren Welt, sind mit Gefühlen ausgestattet. Alle Empfindungen sind ebenso in mir. Ich vererbte sie euch sozusagen. Nur zur Verzweiflung, hervorgebracht durch das Irren in völliger Finsternis, weil das Licht der Erkenntnis fehlt, zur Verzweiflung sind allein meine Menschensöhne und Menschentöchter fähig.

Man sagt, Luzifer, Dein schönster Engel, aber hoffärtig und anmaßend, tobe aus Verzweiflung über seine Verbannung in der Finsternis herum.

Luzifer ist längst wieder bei mir. Seine Sehnsucht und der Schmerz, mich nicht mehr ehren zu können, ließ flammende Reue - bezeichne es als Reue - in ihm aufkommen. Und Flammen reinigen, das ist dir bekannt. Als ich ihn so sah, rief ich ihn, und er warf sich in meine Arme. Meine Liebe hat ihn wieder erhoben.

Du hast ihn nicht bestraft, nicht Buße tun lassen?

Er hatte sich selbst bestraft, als er die Gott-Ferne wählte und somit auf meine Gegenwart verzichtete. Ich bin die Unendliche Liebe, meine Tochter, vergiß es nie!

Hat die Finsternis jetzt einen anderen Fürsten?

Die Finsternis braucht keinen Fürsten, sie wird von mir regiert. Aber immer wieder rebellieren Engel gegen mich, wenden sich ab. Sie kehren in das ein, was ihr Menschen Finsternis nennt. Alle Gegensätze: Hell - dunkel, Mann - Frau, groß - klein, naß - trocken, Feuer - Eis, Ewigkeit –Zeit, zähle selbst hinzu, was dir noch einfällt, alles dies habe ich erschaffen, um meinen Ebenbildern die freie Wahl zu gestatten.

Unser freier Wille -

ist Ausdruck eurer Göttlichkeit. Ihr habt vor Jahrtausenden dieses Bewußtsein verloren. Nun müßt ihr mühsam erneut lernen, was Göttlichkeit bedeutet – nämlich, wer ihr seid. Das ist nur möglich, indem ihr immer wieder die richtige Wahl trefft zwischen dem, was euch fördert, und dem, was euch hinderlich ist.

Das können wir nur schwer mit unserem verdunkelten Verstand!

Ihr habt ja viele Leben Zeit, euer Lernprogramm zu absolvieren.

Immer wieder auf der Erde antreten zu müssen, ist keine allzu verlockende Aussicht.

Du maulst jetzt ein bißchen, oder verhöre ich mich?

Entschuldige.

Schon gut. Doch wer sagt dir, du müßtest immer wieder auf der Erde antreten?

Nicht?

Nein. Meine Universen sind unbegrenzt, und überall ist Leben. Ich bin das Leben, was könnte ich anderes schaffen als Leben? – Du siehst gerade aus wie ein Auto mit riesigen Scheinwerfern.

Ich staune und es nimmt mir fast den Atem. Wir werden auch auf fremden Planeten oder unter fernen Sonnen wiedergeboren?

Du wählst während deines Zwischenlebens, – ich schlage dir nur vor. Unter vielen Möglichkeiten, die es gibt, sind immer ein paar optimale, die der menschlichen Seele für ihre weitere Entwicklung förderlich sind.

Wohin wir auch gehen, – dort bist auch Du?

Ich bin die Vielfalt und die Fülle. Ich bin die Göttin und ebenso unbegrenzt wie der Gott. Darum findet ihr mich überall!

Der Gott?

Ja, Yin und Yang als Einheit, unteilbar, in liebender Harmonie, das ist das ewig erschaffende Sein.

Mein Mann hat neulich gelesen, unser Planet, die Erde, sei der beste Ort zur Schulung.

Die Große Mutter personifiziert sich in diesem Planeten. Wer lehrt geduldiger als eine Mutter?

Nun, bei den Menschenmüttern kann es erhebliche Unterschiede geben.

Bei den Kindern auch. Das Ungeborene sucht sich lange vor seiner Inkarnation seine „beste" irdische Mutter aus. Sei ganz gewiß, was immer sie tut, wie auch immer sie ihr Kind behandelt, sie ist genau die richtige - auch die strengen, die „bösen" Mütter. Diese Seelen lieben euch besonders, geben sich dazu her euch etwas „anzutun", um euch ein ganzes Stück weiterzubringen. Ihr solltet immer dankbar sein, auch wenn ihr meint, eine hartherzige Mutter gehabt zu haben. Sie hat euch das Leben gegeben, das Leben, das *ihr* haben wolltet und ich, die Große Mutter, war auch mit ihr.

Jetzt hast du mir eine Lektion erteilt.

Auch deine Mutter hat dich geliebt, sei gewiß. Sie hat sich selbst verleugnet, damit du immer hungriger wurdest nach dem, was man als Mutterliebe bezeichnet. So hat sie dich auf den Weg gestoßen, den du jetzt beschreitest, den Weg auf mich, die Göttin, zu. Mit vielen anderen Priesterinnen und Priestern auf Erden wird mein verschollenes Bild wieder ins Leben gerufen werden.

Danke für diese wundervolle Aussicht. Aber sage mir bitte: Hat meine Mutter nach einem verstandesmäßig ausgeheckten Plan gehandelt? Hier in diesem Leben?

Sie hat mit mir, bevor sie selbst geboren wurde, ein Muster gewoben, das für deinen Auftrag paßte. Dieses Muster hat sie sich tief eingeprägt. Als sie ihre irdischen Augen aufschlug, hatte sie es vergessen. Das muß so sein, damit Manipulationen nicht möglich werden.
Doch ich merke, du möchtest mir noch weitere Fragen nach Wesenheiten aus der geistigen Welt stellen, auch nach Naturgeistern.

Ja, sehr gerne.

Laß uns ein andermal darüber sprechen. Dazu werde ich dir noch ein paar Dinge enthüllen, die heute noch im Dunkeln geblieben sind.

Es sei so, Mutter.

So sei es.

*

Du hast mich gestern erschreckt, Mutter.

Weil ich gesagt habe, ich regiere die Finsternis.

Ja, denn nach der Auffassung der Kirche ist der Fürst der Finsternis Satan, beziehungsweise Luzifer.

Luzifer ist längst wieder bei mir habe ich dir gesagt. Wenn ich dir nun erläutert habe, daß ich die Finsternis regiere, dann meine ich, daß ich diese Kräfte bewache und eingrenze. Darum wird die Finsternis niemals das Licht überwältigen können. Allein mein Blick in die Finsternis ist wie ein Scheinwerfer in stockdunkler Nacht. Umgehend weicht die Schwärze der Helligkeit. Seid ihr, meine Kinder, endlich wieder zu eurem Gottesbewußtsein erwacht, kann ich die Dualität, die euer Leben in dieser Welt ausmacht, beenden. Dann nehme ich in eine Hand das Licht und in die andere Hand die Finsternis und umhülle mit meinem strahlenden Glanz das Dunkle. Dieses wird gereinigt werden, sich auflösen. Fortan wird es nicht gebraucht werden. Anderes Gegensätzliches wird sich harmonisieren, sodaß alle Extreme nicht mehr existieren.

Wie wird es mit dem Gegensatz Mann und Frau sein?

Mann und Frau waren niemals als Gegensatz gedacht. Sie sind nicht kongruent, natürlich nicht, aber sie sind in ihrer Göttlichkeit die vollkommene Ergänzung, die das Feuer der Schöpferkraft entzündet. Das göttliche Menschenpaar ist den Gottheiten ähnlich - dem Männlichen und dem Weiblichen. Ohne diese Ehrfurcht gebietende Einheit gibt es kein Leben, kann sich nichts erneuern.

Aber Du warst zuerst. Habe ich das bisher richtig verstanden?

Ich war zuerst, denn ich bin der Anfang.

Wann hast du angefangen?

Ich habe nicht angefangen – ich war. Ihr, meine Kinder, könnt das nicht erfassen, weil euer Blick erst sehr viel später bis in die Ewigkeit reichen wird. Dennoch wird vieles verschleiert bleiben, doch ihr werdet lernen, die Schleier zu achten und die Geheimnisse zu preisen, ohne sie alle entschlüsseln zu wollen, weil ihr mir endlich wieder vertraut.

Als Du den Urschlamm aus Dir herausgepreßt hattest, was hast Du danach erschaffen?

Ich erschuf das Licht, meine Tochter. Das Licht hat sich auf meine Bereitschaft hin mit mir vereinigt. Das Licht ergänzt und liebt mich von Anbeginn ebenso innig und allumfassend, wie ich das Licht liebe. So habe ich die Kraft, die mich befruchtete, selbst geschaffen.

Die Große Mutter, die Göttin, schuf den Erzeuger.

Die Göttin schuf den Erzeuger, richtig. Dadurch konnte die Göttin zur Gebärenden werden, zur Großen Mutter.

Ich kann nur erahnen, was Du meinst, denn was Du sagst, widerspricht den Lehren, die ich schon mit der Muttermilch eingesogen habe.

Das muß dich nicht beelenden, Priesterin. Die Mütter und Väter der ersten Zeit in der Geschichte des Menschengeschlechtes haben gesehen, gehört und gefühlt. Sie hatten noch keine Zweifel und Fragen, wie sie heutzutage meine Kinder zerrütten. Ich war die Große Mutter, die mit dem mächtigen Vater Leben spendete, die auch Leben beendete. Weil man die Last erkannte, die ein alter Körper sein kann, fürchteten die Alten und Kranken sich nicht, wenn ich kam, um einen Atemzug von den Lippen eines Menschen zu saugen, auf daß er sanft entschlafen konnte. Man vertraute der Erde dankbar die Leiber an, weil man wußte, mit wieviel Liebe ich den Seelen einen neuen Körper bereiten würde. Tod hieß nicht Auflösung und Entschwinden in das Nichts, wie es heute vielfach behauptet wird. Tod war der Übergang zur Erneuerung nach einer tiefgreifenden Heilung. Man beklagte wohl einen Verlust, gab sich aber nicht der Verzweiflung hin, weil die Menschen wußten, hörst du, sie wußten, daß der verstorbene Mensch sehr bald wieder in einem neuen Körper in die Welt zurückkehren würde. Deswegen liebten eure Ahnen auch ihre Kinder so sehr. Sie erkannten das leuchtende Wissen in den jungen Augen, das von mir und dem Licht des Urgrundes kündete. Wiedergeburt war kein Diskussionsthema wie heute, wo Reinkarnation bestritten wird, um Menschen in Furcht und Schrecken zu halten und der klerikalen Habgier gefügig zu machen. Ein gefallener Mensch, der meint, nur eine Chance in einem Leben zu haben, entblößt sich, um „in den Himmel zu kommen", leicht seiner Güter, damit er dem „Höllenfeuer" entgeht. Eine gemeine Manipulation fetter Kirchenmänner!

Ich danke Dir für Deine erhellenden Worte. Darf ich Dir später dazu noch ein paar Fragen stellen?

Sicher, du möchtest meine Worte erst in deinem Herzen bewegen, damit sie durch das Sieb deiner Zweifel fallen können. Sei ruhig kritisch. Ich werde nicht alle deine Einwände ausräumen können, weil du für manche Erkenntnis noch nicht reif genug ist. Aber hin und wieder wirst du ein „Aha-Erlebnis" haben und sagen: „Ach, schau mal, wie recht Mutter hier hatte".

Frotzelst Du jetzt?

Warum nicht? Humor gehört immer zu einer guten Erziehung.

Ich scheue mich jetzt ein wenig, Dir die nächste Frage zu stellen.

Was möchtest du wissen?

Wir haben über deine Engel gesprochen -

dazu gäbe es noch einiges anzumerken, aber wir werden zu den unterschiedlichen Themen im Verlaufe unserer Gespräche immer noch ein paar Erweiterungen einflechten.

Das ist gut, denn dieser Strudel an Informationen wirbelt mich ganz schön herum. Also, wir sprachen über deine Engel. Nun, gibt es auch Menschen, die von Elfen, Kobolden, Zwergen und anderen Naturgeistern reden. Meine älteste Tochter zum Beispiel - sie war damals vielleicht knappe drei Jahre alt - brach beim Spazierengehen zuweilen in Schreie des Entzückens aus: „Mami, ein Hoppelein, ein Hoppelein!“ Sie deutete dann auf einen Platz im Gras oder unter die tiefhängenden Zweige einer Fichte. Ich konnte aber dort beim besten Willen nichts entdecken.

Aber du hast dein Kind auch nicht verlacht und als Träumeline abgetan. Dein Glück!

Ich habe ja als Kind selber mit Engeln, Kindern und sogar Tieren gespielt, die sonst kein Mensch gesehen hat. Dafür wurde ich zuweilen gescholten. Deshalb war ich vorsichtig. Irgendwann hat unser Nachbar einen Gartenzwerg aufgestellt. Mit atemloser Freude blieb mein Kind am Zaun stehen und flüsterte: " Ein Hoppelein. Siehst du es, Mami?" Nun wußte ich wenigstens, was sie meinte, und ich muß Dir gestehen, ich war ein wenig traurig als sie, nachdem sie in die Schule gekommen war, weder Zwerge noch andere geheimnisvolle Märchenwesen mehr gesehen hat.

Es sind keine Märchenwesen. Zwerge, Elfen und Feen gibt es wirklich. Die Schar meiner Naturgeister ist groß. Hast du nicht vor ein paar Monaten im Wald etwas weghuschen sehen?

Der zarte Ast eines sehr jungen Baumes hing in meinen Weg. Die kleinen Blätter wollten sich gerade entfalten, und mir war, als würde er mich ermuntern, den Zweig abzubrechen und mit nach Hause zu nehmen - als ersten Frühlingsgruß sozusagen.
Ich habe dem Bäumchen für sein Angebot gedankt, habe mit einem Finger sanft den Zweig gestreichelt und bin weitergegangen.

Als du dich abgewendet hast, schien dir, als würde sich eine kleine Gestalt hinter dem dicken Stamm einer Kiefer eilig verstecken. Das war einer meiner Wächter von jungen Bäumen und Büschen, und er war sehr erleichtert, daß du auf den angebotenen Zimmerschmuck verzichtet hast. Die Menschen freveln in Wäldern und Fluren in diesen eisernen Zeiten viel. Der Jammer meiner Naturgeister ist groß.

Schreiten sie ein?

Zuweilen. Dann stürzt jemand über eine Wurzel, die dort gar nicht ist. Er verliert in einer Wildschweinsuhle einen Schuh, Dornen zerkratzen ihn und Blütenstaub entzündet Augen und Haut. Oder er zieht sich eine Pilzvergiftung zu, obwohl er angeblich ein guter Pilzkenner ist. Meine Hüter mogeln dann schon einmal etwas weniger Bekömmliches unter das Sammelgut. Auch Mückenschwärme, wilde Bienen und giftige Insekten verteidigen Tiere und Gewächse gegen die Raublust und Zerstörungswut der Menschen. Sie schwärmen auf Geheiß meiner Naturgeister zu Hilfe.

Können sie auch richtig zornig werden?

Rote Wut, brennender Zorn, ist ihnen gestattet. Dann gehen weite Waldflächen in Flammen auf, und die Menschen müssen sich unter Einsatz ihres Lebens des Feuers erwehren.

Schrecklich. Menschen kommen dabei auch zu Tode und viele unschuldige Tiere.

Du hast sicher schon gehört, daß die Tiere zu flüchten beginnen, noch ehe es zur Katastrophe kommt. Meine Naturgeister bemühen sich, sie rechtzeitig aus den gefährdeten Gebieten zu scheuchen, wobei Schwache und Kranke leider zurückbleiben müssen oder auch jene, die eigensinnig sind.

Tiere mit soviel Eigensinn?

Betrachte deine Katzen. Der verfressene alte Kater, denn du manchmal „Bommel“ nennst, wenn er gar so gemächlich dahertrottet, der würde sich wahrscheinlich auch lieber unter einem Sessel verbergen, als sein Hinterteil in Bewegung zu setzen.

Der ist eben alt -

und stur.

Was ist mit unseren gefiederten Freunden?

Sie wittern die Gefahr rechtzeitig, sie müssen nicht durch Aufruf der Naturgeister aus einem Gebiet vertrieben werden.

Und die Bruten?

Die lassen sie im Stich, wenn die Nestlinge noch nicht flügge sind. Die Altvögel klagen dann eine Weile, aber sie sind mit Fruchtbarkeit besonders gesegnet, und ich tröste mit zahlreichem Nachwuchs.

Du tröstest auch, indem aus der verbrannten Erde neues Grün emporsteigt.

Es war wie ein Opferfeuer, denn jeder Waldbrand ängstigt die Menschen und macht sie nachdenklich. Es fällt ihnen dadurch leichter, den Unsinn zu erkennen, der in dem Bibelspruch: „Machet euch die Erde untertan", enthalten ist. Ihr dürft die Erträge der Erde ernten, ihr dürft aus meiner Fülle leben, aber ihr könnt euch nicht die Göttin unterwerfen. Das ist Größenwahn und führt zu eurem Verderben. Ihr habt meinen Leib geschändet und meine Gaben raubend an euch gerafft, aber ich werde noch leben, wenn ich von jenen Henkern befreit bin - ich werde leben, mit meinen Töchtern und Söhnen, mit meinen Priesterinnen und Priestern und deren Nachkommenschaft in unvergänglichem Frieden, unverbrüchlicher Treue und dem ewigen Licht reiner Liebe.

Du machst uns Hoffnung, Mutter.

Meine Priesterinnen bereiten meine Rückkehr. Sie streuen die Rosen der Liebe auf meinen Weg und halten in ihren Händen Fackeln mit dem Licht der Hoffnung, die ich euch bringe.

So sei es, Mutter.

Es wird so sein.
Du schläfst ohne zu ruhen in letzter Zeit, Priesterin. Erkennst du eine Ursache?

Es geht mir so viel im Kopf herum.

Du hast dich wieder einmal deinen Existenzsorgen hingegeben. Ich bin deine Mutter, die dich nährt und die dich niemals im Stich lassen wird. Dein Urvertrauen ist bereits zerstört worden, als du noch im Körper deiner leiblichen Mutter herangewachsen bist. Sie war von Abscheu vor sich selbst erfüllt, weil sie fühlte, daß die Schuld, die sie auf sich geladen hatte, indem sie geholfen hat, unzählige Kinder abzutreiben, durch deine Gegenwart immer präsent sein würde. Darum fürchtete sie dich mehr als Gott und den Teufel, dessen vermeintliche Leibhaftigkeit ihr die Hoffnung auf die immer vergebende Liebe der Gottheit unmöglich gemacht hat. Durch ihre gequälte Seele wurde sie zu einer bedauernswerten Frau. Du hast sie in den ersten Jahren deines Lebens geliebt, später hast du sie gefürchtet, am Ende grenzte dein Groll gegen sie an Haß.

Das beschämt mich heute, weil ich erst nach vielen Jahren in meinem Erwachsenenleben ihre Not erkannt habe. Sie hat mich von Anfang an gehaßt, wie sie mir auf ihrem Sterbebett gestanden hat.

Nein, Kind, sie hat dich immer geliebt. Darum wollte sie auf keinen Fall, daß du dieselben Fehler machst, etwa eine ähnliche Entwicklung nehmen würdest wie sie. Deine Mutter wollte dir das unsägliche seelische Elend ersparen, das sie in ihrem Leben erfahren hatte. Deshalb ihre Strenge, deshalb ihre unbarmherzige Härte dir gegenüber. Sie war dennoch Mutter, die sich allerdings aus Selbstbestrafung verbot, eine zu sein. Aber ihr für dich und die übrige Familie unverständliches Handeln hat dich zu mir geführt - und das war schließlich ihr Auftrag, den sie aus übergroßer Liebe und Zärtlichkeit zu dir vor ihrer Reinkarnation angenommen hatte. Ich habe dir das schon erklärt, wiederhole es, damit du es dir einprägst. Schau hinter die Fassade der Frau, die dich geboren hat, und erkenne die Hohepriesterin, die dich einst in Avalon schulte. Die Irrwege ihrer anderen Leben, einschließlich der Inkarnation, die sie auch dieses Mal mit dir geteilt hat, gehen dich nichts an. Nimm die Mutter, nimm sie mit ihrem ganzen Sein an, vergib ihr und nimm sie an!

Warum bist du jetzt so eindringlich?

In jeder Mutter bin ich. Ich bin Liebe und Fülle. Wer mich nicht nehmen kann, verdorrt, weil mein Lebensstrom in ihm nicht fließen kann. Ich, die Große Mutter, sorge bei meinen Kindern, den Töchtern u n d den Söhnen, für innere Fülle. In der Anerkennung des ergänzenden männlichen Prinzips der Gottheit, im Nehmen des irdischen Vaters, tritt durch die Macht des Feuers und den Glanz der Weisheit die äußere Fülle zutage. Danke also immer deinen Eltern für dein Leben, ehre sie als das Abbild der Gottheit, was immer du meinst, daß sie dir angetan haben, denn es ist nicht an dir, zu richten, sondern anzunehmen. Du kannst nämlich nicht überblicken, was du aus Leiderfahrung lernst, du kannst in der Begrenzung, die den Geist aller meiner Kinder noch gefangenhält, nicht abschätzen, auf welche Stufe der Entwicklung zur Vollkommenheit dich deine jeweilige Inkarnation führt. Außerdem möchte ich dich erinnern: Karma ist das Prinzip von Ursache und Wirkung. Ihr alle seid keine Opfer, sondern Täter. Darum nehmt gelassen, was immer euch als Chance geboten wird.

Kann der Mensch das vergangene Geschehen nach seinem Tod überblicken?

Sage nicht Tod. Tod ist Auslöschung. Sage besser „Sterben", denn Sterben beinhaltet Übergang. Das ist ein Thema, über das wir einmal sehr ausführlich sprechen müssen. Jetzt kehre ich zum Beginn des heutigen Gespräches zurück und frage ich dich noch einmal: Weshalb schläfst du nicht gut? Was meinst du?

Mutter, Du weißt doch, wie mondfühlig ich bin. Wir hatten vor wenigen Tagen Vollmond und gleichzeitig eine Mondfinsternis. Ich bin nicht so albern zu denken, daß der Mond vom Himmel verschwunden ist, wenn er sich in Schwärze verbirgt. Ich weiß, sein Licht ist verschattet - das ist alles.

Die Erde und der Mond ernähren sich gegenseitig aus ihren weiblichen Energien. Wenn die Einstrahlung des Mondes vorübergehend gestört wird, verschattet ist, wie du sagst, beginnen die harmonischen Energien zwischen den beiden Planeten zu vibrieren und fallen aus ihrem

Gleichmaß. Frauen sind zu dieser Zeit besonders irritiert, während Männer mehr als Frauen zum Beispiel unter Sonnenstürmen oder den Eruptionen dieses Himmelskörpers zu leiden haben.

Geräusche an der Fensterscheibe haben mich vergangene Nacht geweckt und geängstigt.

Ja, ja!

Mutter, Du kicherst!

Ja.

Jedenfalls bin ich sehr erschrocken, als ich die Augen aufschlug. Die Nacht war irgendwie gebrochen, das Restlicht gespenstisch, und ein unbestimmtes Grauen erfüllte mich.

Du fühltest dich belauert und umschlichen?

Genau so. Mir drängten sich Gedanken an Dämonen auf. - Hast Du auch Dämonen erschaffen, Mutter?

Die habt ihr erschaffen, ich lasse sie zu.

Wie bitte?

Jeder böse Gedanke, jedes böse Wort, jede böse Tat erschafft Dämonen. Dieses manifestierte „Ungute“, man nennt es auch Elementale, kann von euch nicht zurückgerufen werden, selbst wenn ihr wegen eures Tuns auf das Höchste reuig und bußfertig wärt. Das „Ungute“ geistert durch die Welt, entweicht zuweilen ins All und sucht ruhelos nach Erlösung.

Das ist entsetzlich. Bleiben die Elementale für immer so gequält?

Nein. Dämonen suchen verzweifelt Nahrung und Erlösung. Sie möchten befreit werden aus dem Drama: Böses muß immer wieder Böses gebären. Sie suchen das Licht, sie suchen Vergebung, sie suchen Liebe.

Wer kann denn schon Dämonen lieben!

Ich. Sie sind die Ausgeburten eurer inneren Hölle, und so gilt ihnen - wie auch euch, wenn ihr in euren Höllen und Finsternissen lebt - mein inniges Mitgefühl.

Heilt Dein Mitgefühl?

Aus diesem Mitgefühl heraus erschaffe ich die Möglichkeit zur Heilung für Dämonen und somit auch für euch. Alle Universen wären schon explodiert wegen der Boshaftigkeit der Dämonen und eurer lähmenden Angst vor euren eigenen Geschöpfen. Trotzdem schafft ihr immer neue.

Was für heilende Möglichkeiten gibt es?

Zur selben Zeit, als unlängst das sanfte Licht des Mondes völlig verblaßte, rückten Planeten eures Sonnensystems am Firmament zusammen und bildeten einen riesigen Davidstern. Erinnere dich: Der Davidstern ist ein uraltes alchemistisches Zeichen für die Durchdringung der Kräfte des Himmels mit den Kräften der Erde. Es ist das Zeichen einer heiligen Hochzeit – einer Hoch-Zeit der Heilung –, die in Jahrtausenden nur hin und wieder stattfindet. Zwischen den einzelnen sechs Planeten verlaufen feine, aber starke Energielinien, so daß du sagen könntest, einer gibt und nimmt zugleich vom anderen. Auf diese Weise entsteht eine vollkommene Ausgewogenheit der Kräfte. Nun stelle dir bitte einen Davidstern vor. In seine Mitte kannst du einen Kreis einzeichnen, das Tao, Leben und Wiederkehr, das heißt Erneuerung. Meine Engel erhalten aus dem Urgrund, das ist die Verbindung zwischen der weiblichen und der männlichen Gottheit, den Auftrag, so viele Dämonen wie möglich in diesen Kreis zu geleiten. Dort werden ihre Energien gereinigt, sie erfahren Heilung, das Negative kehrt sich ins Positive.

Sie werden dann zu dem, was Menschen „gute Geister" nennen.

So ist es. Sie lösen sich nicht auf. Das hast du verstanden?

Ja. - Was tun sie anschließend?

Stell dir ruhig vor, daß sie Schutzgeister von Tieren werden, Blumenelfen oder Wichtelchen, die die Schwellen eurer Häuser hüten. Es gibt viele Aufgaben in meiner gesamten Schöpfung, die sie nach ihrer Gesundung übernehmen dürfen.

Steigen sie auch zu höheren Ebenen auf?

Nichts ist unmöglich.

Die Menschen hegen noch immer viel zu viele negative, zerstörerische Gedanken. Reicht so ein Kreis im Davidstern, auch wenn eine solche Konstellation vier Tage am Firmament steht, sich aber doch nur alle paar hundert Jahre zusammenfügt?

Sie würde nicht ausreichen, um die gequälten Geister zu heilen. Aber in meinen unendlich vielen Galaxien gibt es ebenso unendlich viele Planeten, deren Schwingung geeignet ist, die zerrütteten Energien der von euch geschaffenen Dämonen auszugleichen und dadurch diese Wesenheiten einer Transformation zuzuführen.

Das dauert wohl lange Zeit.

Im Angesicht der Ewigkeit nicht. Das Göttliche hat nicht das menschliche Zeitmaß. Wenn meine Kinder einst am Ziel sein werden, uns, dem hohen Elternpaar als vollkommenes Ebenbild gegenüberstehend, dann werdet auch ihr dieses Maß „Zeit" verloren haben, denn ihr braucht es nicht mehr.

Spötter behaupten manchmal, es sei unendlich langweilig in der Unendlichkeit.

Laß sie reden. Es sind jene beschränkten Intelligenzen, die dem Kirchenmärchen verfallen sind, in welchem vom anhaltenden Jubelgesang und Harfespielen die Rede ist. Glaubt ihr tatsächlich, die Gottheit würde sich auf Dauer mit dem Zuhören säuselnder Hymnen begnügen? Wir sind die ewig Erschaffenden. Alles Erschaffene bedarf der liebevolle Pflege, der Förderung, der Ausdehnung, der wir Raum geben. In Wahrheit ruhte Gott nicht. Ich machte es mir nicht bequem, auch nicht am siebenten Tag. Nenne mir die Mutter, die sich mehrere Stunden frei nehmen kann, selbst wenn sie nur ein Kind allein zu versorgen hat. Ich aber habe ungezählte Kinder. Die meisten sind noch unentwickelt wie Säuglinge, die anderen sind ungebärdig, viele boshaft und nur wenige bringen mir so viel hingebungsvolle Liebe entgegen, um meinen bittenden Anweisungen zu folgen. In meiner Schöpfung, Priesterin, wird es immer Aufgaben geben, die zu ihrem weiteren Erhalt dienen. Genug für euch zu tun, statt singend herumzustehen - bei aller Vollkommenheit!

Darf ich jetzt denken, daß Du diesen „Chor" der Vollkommenen zu Deinen Mitschöpfern zählst?

Ja, das darfst du denken. Wir werden einander spiegeln, das Göttliche wird sich im Göttlichen erkennen. Wir alle wissen dann, wer wir sind.

Weißt D u es jetzt etwa nicht?

Ich schon, aber du nicht - noch nicht. Doch wir wollen dieses Thema ruhen lassen. Dem Verstand, dem es an Erleuchtung fehlt, ist das Begreifen dieses Geheimnisses noch nicht gegeben. Die Gottheiten erkennen sich in den Gottheiten, und liebende Hingabe verbindet Schöpfende und Schöpfung.

Werden Dir alle Seelen hingebungsvoll und willig dienen?

Willig heißt, daß die Vollkommenen ihren freien Willen mir schenken. Ja, sie werden willig dienen.

Wie die Engel - aber die haben ja keinen freien Willen, sagt man.

Wer: „man“?

In manchen Schriften, besonders in gechannelten Texten, habe ich das schon gelesen.

Glaubst du das?

Du kannst in mein Herz schauen und weißt, ich glaube das nicht.

Warum nicht?

Nun, Luzifer hätte sich wohl nicht von Dir abwenden können, wenn er nicht seinen freien Willen dazu benutzt hätte. Denn Dein Wille war es gewiß nicht, daß dieser schöne Engel stürzte.

In den Abgrund! Aber jeder Abgrund ist die Sohle eines Tales. Niemand kann also jemals ins Unendliche stürzen. Die Talsohle ist meine Hand, mein Kind. Auch Luzifer konnte nicht tiefer fallen als in meine Hand. Du denkst jetzt an Astronauten, die in die Weite des Alls abgetrieben werden, falls sie den

Kontakt zum Mutterschiff verlieren. Doch irgendwo, das verspreche ich dir, fängt meine Hand sie auf.

Wie tröstlich. Nach dem Sturz Luzifers haben Deine Heerscharen niemals mehr gegen Dich rebelliert?

Was denkst du denn! Die „Heerscharen", wie du zu sagen beliebst, natürlich nicht. Einzelne Engel allerdings schon, ich hatte es bereits angemerkt. Es ist immer einmal wieder einer dabei, dem es schwer fällt, eine Anordnung der Göttlichkeit zu erfüllen. Nur selten sind Erzengel gefährdet, Schutzengel dagegen häufiger.

Ein gruseliger Gedanke! Warum nur sind unsere geistigen Freunde ungehorsam gegen Dich?

Weil sie euch so sehr lieben. Sieh, sie sind durch alle Inkarnationen mit euch eng verbunden, sie sind eure treusten und engsten liebenden Ge-fährten. So kann es geschehen, daß euer Schmerz zu ihrem Schmerz wird, sei er aus Verlust, Einsamkeit, Krankheit oder schier grenzenloser Verzweiflung geboren. Dann flehen sie mich an, den Leiden ein Ende zu bereiten oder dem Menschen einen brennenden Wunsch zu erfüllen. Es gibt nun durchaus Situationen, wo ich diesen Bitten kein Gehör schenke, weil ich weiß, Feuer reinigt besonders auch in diesem Fall... Ist die Zeit der Not für mein schwer geprüftes Kind vorbei, hat es meist an Seelenstärke gewonnen und befindet sich wieder ein Stückchen näher bei mir.

Wenn so ein Prüfling in seiner Not seinem Leben ein Ende bereitet, weil ihm das Vertrauen auf Deine rettende Hand verlorengegangen ist?

Nach dem karmischen Gesetz gibt es eine Wiederholung des beendeten Lebens.

Im nächsten Leben alle Schmerzen noch einmal erdulden? Das empfinde ich als grausam.

Nein, es ist Liebe. Wie könnte eine Seele ohne diese Chance jemals zu ihrer angeborenen Göttlichkeit zurück reifen?

Zurück reifen. - Ich beginne zu verstehen

Meine Engel kennen alle dieses Gesetz und respektieren es in der Regel. Nur die Garde der Schutzengel ist zuweilen diesbezüglich „vergeßlich". In ihnen machen sich eben manchmal menschliche Regungen bemerkbar. Doch sie fallen aus meinem Licht, wenn sie euch ohne Auftrag helfen.

Sie fliegen weg.

Ohne Flügel, ja. Sie haben nämlich keine. Was die Seher unter euch Menschen erkennen, ist ihr natürlicher Glanz, ihre helle Aureole. Ja, diese ungehorsamen Boten werden für einige Zeit aus meinem Licht verbannt. Ein anderer Engel nimmt vorübergehend seine Position an eurer Seite ein.

Mutter, das macht mich jetzt ziemlich traurig.

Diese unbotmäßigen Boten sind ebenfalls traurig, sobald ihnen der Blick auf die Gottheit verschleiert ist. Ihre Reue ist tief und zu Herzen gehend. Ich weiß, sie werden auf diese Weise nie mehr fehlen.

Deine mütterliche Liebe, die auch ihnen, wie Deiner gesamten Schöpfung gilt, verzeiht.

Sei gewiß. Ich entsende meinen Lichtträger, der sie zurückführt in den Glanz des Urgrundes. Dort genesen sie. Wenn nach einiger Zeit Schutzengel und Mensch wieder vereint sind, wird aus dem glücklichen Ereignis ein Sonnentag, selbst wenn der Himmel noch so grau ist. Der Engel dankt und weiß, warum sein Schützling ebenfalls dankt, nämlich für den plötzlichen heiteren Frieden in seinem Herzen. Er wußte ja nicht, daß er eine Weile einen „Ersatzbegleiter“ hatte. Solche doppelte Dankbarkeit entzündet meist einen neuen hellen Stern am Himmel.

Ich kann die Sterne nicht mehr erkennen.

Deine Sehkraft kommt bald wieder. Sei geduldig und vertraue. Und nun ruhe deine Augen aus - der Tag ist zu Ende.

Bleibe auch in der Nacht bei mir, Mutter.

Immer bin ich bei dir – immer.

3

Du bist heute müde, Tochter.

Gestern war es schlimmer.

Gehe jeden Tag aus dem Haus, wenigstens für zwanzig Minuten.

Es ist nicht verlockend, wenn der Himmel so grau ist.

Schwarz vermischt sich mit Weiß, Dunkelheit mit Licht. Das ergibt Grau. Im Grau ist also auch das Licht. Dessen vibrierende Energie durchdringt den verhangenen, verborgenen Himmel, und scheinen euch die Wolken auch noch so dick. Sogar das milchige Sonnenlicht ist Lebenselixier für euch. Es ist die Kraft des Männlichen, die Macht des Feuers, die euch aus Depressionen reißt, die euren Blutstrom durch die Impulse des Ewigen anregt. Euer Sterben, von dem ihr noch meint, es sei unumgänglich, verzögert sich erheblich durch Lichteinwirkung auf euren Körper. Außerdem: Wenn du nach draußen gehst, umarme ich dich besonders innig. Spüre dem nach, und Freude wird dich erfüllen. – Wirst du ab jetzt öfter das Haus verlassen?

Wenn Du es mir so dringend ans Herz legst. Ich gehe nur nicht gerne ohne Ziel.

Das Ziel bin ich. Der Regen ist meine Liebe, der Wind meine Weisheit. Der Boden, auf dem du gehst, ist mein Leib, der dich sichert, und die Wärme der Sonne möge dir meine Macht verdeutlichen, mit der ich allezeit alles Leben behüte.

Du sprichst von den vier Elementen, die in der Göttin und im Gott in vollendeter Ausgewogenheit vereint sind.

Noch oft werde ich dich an dieses Wissen erinnern - unter verschiedenen Aspekten - solange, bis du erkennst, daß diese Wahrheit allem innewohnt und alles eint.

Mit dem Wissen über die innewohnende Harmonie der Elemente kann ich auch den Stein betrachten, die unbelebte Materie?

Kind, begreife: Nichts ist unbelebt. Der Zeugende und die Gebärende können nichts Totes hervorbringen, nur Leben. Denn du glaubst doch wohl nicht, Der Gott zeugt den Tod und ich gebäre ihn?

Das ist unvorstellbar. Aber woher kommt der Tod - oder das Sterben, Mutter?

Aus euren verdunkelten Hirnen! Die ersten Menschen lebten lange, verdorrten nicht und schöpften immer neue Kräfte, indem sie sich mit den Urklängen des Universums verbanden, die sie in ihrer Reinheit hören konnten. Jene klaren Energien haben früher die Menschen immer wieder regeneriert.

Weißt Du, für mich ist das ein absonderlicher Gedanke, diese Welt nicht verlassen zu können.

Sie haben diese Welt verlassen! Sie beschlossen irgendwann einfach, eine andere Gestalt anzunehmen, eine neue Erfahrung zu machen. Sie wollten zum Beispiel ein Baum sein, ein Vogel, eine Blume, ein kostbarer Kristall. Sie wünschten mich, die Große Mutter, auf immer neue Art und Weise begreifen. Wenn es soweit war, riefen sie mich und ich kam.

Leibhaftig?

Ich habe unendlich viele Möglichkeiten, den Menschen gegenüberzutreten.

Du hast dann die Arme ausgebreitet -

und sie in einen tiefen Schlaf gewiegt. Ich nahm sie erneut in meinen Schoß, und sie wurden wieder geboren.

In der Form, die sie sich gewünscht hatten?

Nicht immer. Manchmal erwachten sie zum Beispiel nicht als Baum, sondern – sagen wir – als Antilope. Ich entschied jeweils, welche Erfahrung für sie die dienlichste war. Niemals wurde über meine Entscheidung gemurrt.

Vollziehen sich Wechsel und Veränderung heute auch unter dem Gesichtspunkt, was uns am förderlichsten ist?

Heutzutage wird der Mensch immer als Mensch wiedergeboren. Dadurch hat er inzwischen die besten Chancen, Verstrickungen zu lösen und Weisheit zu sammeln.

Weisheit kann man sammeln?

Das kann man. Nimm Wissen auf, sortiere es in wichtig und unwichtig – und erhebe dein Wissen in spirituelle Dimensionen.

Wie soll ich Dich verstehen?

Frage immer, ob dir dein erworbenes Wissen nutzt, um deinen Geist und deine Seele zu erhellen. Frage dich aber auch, ob du mit deinem Wissen anderen Erhellung bringen kannst, wenn sie danach verlangen. Darum laß dein Wissen in den Händen der Gottheit erblühen. Sie schenkt es dir als Weisheit wieder. Anschließend gehe hin und lehre!

Wie würde ein Weiser das machen?

Nimm dir ein Beispiel an meinem Sohn Isa. Er war ein hoher spiritueller Lehrer, übte niemals Zwang aus und blieb bei allem Unverständnis, das ihm entgegengebracht wurde, immer in der Liebe. Lehre also durch Beispiele, und dann laß geschehen!

Dein Sohn erzählte ein Gleichnis, manchmal ein zweites, um noch deutlicher zu werden. Schließlich entfernte er sich und überließ den Samen dem segnenden Licht.

Der Same ging nicht immer auf. Bis heute ist er in seiner Vielfalt nicht aufgegangen. Sieh, ein spiritueller Meister achtet das Gesetz: Er weiß, alles hat seine Zeit. Er drängt nicht, er gibt sich niemals wie ein fanatischer Missionar. Er wartet, bis auch der letzte Dummkopf bereit ist.

Jetzt hast Du einen Witz gemacht.

Tatsächlich, allerdings einen, den ihr ernst nehmen solltet.

Etwas anderes, Mutter. Mich quält ein Problem.

Ich weiß. Deine Hingabe an diese Gespräche mit mir ist mit Vorbehalten gespickt. Ich weiß, ich weiß! Doch ich möchte, daß du mit mir darüber sprichst.

Es gibt da die vielen Bücher von Donald Walsh, „Gespräche mit Gott." Jetzt entstehen hier die „Gespräche mit der Göttin." Werden die Leute nicht sagen, es sei ein verdecktes Plagiat?

Wer hat dir den Titel genannt?

Du.

Ach so, und du meinst ich würde mich zu einem Plagiat hergeben?

Mutter, nein! So habe ich das nicht gemeint! Verzeih!

Dieser amerikanische Schriftsteller ist ein Mann. Mit wem könnte sich der männliche Teil der Gottheit offener unterhalten, als mit einem Mann? Hast du nicht vorhin gerade zu deinem Mann gesagt, Männer und Frauen könnten einander im Tiefsten nicht verstehen?

Das habe ich gesagt, und es ist meine Überzeugung.

Du hast recht. Noch ist es nicht möglich, daß Frauen und Männer zu einer völligen Seelenharmonie gelangen. Noch ist viel Unverständnis und Nicht-Verstehen zwischen den Geschlechtern. Spräche ich also zu einem Mann, gingen viele meiner Worte ins Leere, weil der Geist eines Mannes einige meiner Botschaften nicht entschlüsseln könnte.

Es wären Perlen vor die Säue geworfen.

Priesterin! Das darfst du nicht sagen - niemals. Das ist anmaßende Kritik und Verurteilung. Auch du kannst meine Wahrheit nicht völlig fassen. Du schreibst nieder, was ich sage. Ist schon ein Sternenregen in deinem Herzen aufgegangen? Hast du alles begriffen?

Nein, ich habe noch viele bohrende Fragen - auch nagende Zweifel. Mein weiblicher Geist vermag ebenfalls nicht alle Deine Botschaften zu entschlüsseln. – Ich schäme mich wegen meines vorschnellen Urteils.

Das ist gut, aber zerfließe jetzt nicht in deiner Scham. Baue aus diesem Fehler eine goldene Brücke zu dem ergänzenden Teil des Weiblichen. Betrachte fortan ähnliche „Fehler" in deiner Betrachtungsweise des Männlichen als Möglichkeit zum Brückenbau. Es wird Demut in dein Herz pflanzen, die Voraussetzung für Respekt. Der ist ein guter Kompost für das Wachstum der Neuen Einheit zwischen den Menschenpaaren. Ich schweige jetzt, damit du Ruhe findest und in der Stille das eben Erlebte in Freude und Kraft verwandeln kannst.

Freude und Kraft?

Erkenntnis mit dem Herzen bringt stets Freude und Kraft, sofern diese Erkenntnis vom Licht aus höheren Dimensionen erleuchtet wird.

Mutter –

Schweige! – Sei gesegnet.

*

Du kommst zu ungewohnter Stunde zum Gespräch.

Hast Du mich nicht gerufen?

Doch. Am späten Nachmittag erwartest du wieder diesen schwierigen Patienten, der dir so viel Energie absaugt. Warum läßt du das zu?

Bin ich nicht dazu verpflichtet? Vor achtzehn Jahren erging der Ruf an mich: "Werde Heilpraktikerin." Diesem Ruf bin ich gefolgt. Damit ist für mich die Verpflichtung verbunden, immer zu helfen, wenn ich darum ersucht werde.

Damit ist auch die Pflicht verbunden zu prüfen, ob der Kranke aus dem Wollen seines Herzens überhaupt nach Heilung strebt. Viele werfen sich in den Staub und flehen um Erbarmen, betteln um Gesundheit. Aber sie sind nicht bereit, persönlichen Einsatz zu leisten. Damit der Mensch geheilt werde, bedarf es der Einsicht in seine Fehler und deren Anerkennung. Wer den Weg, der ihn in das Leiden geführt hat, nicht verlassen will, der kann seine Ganzheit nicht zurückerlangen. Die Neuordnung eines Lebens erfordert viele Opfer. Menschen tun sich schwer, alte Muster loszulassen.

Es ist nicht nur das Tun, es ist auch das Denken.

Das ist richtig. Darum sollten sich Heiler - auch Ärzte - immer in erster Linie als Seelsorger verstehen. Wird diese Dringlichkeit außer acht gelassen, degradieren sich die medizinisch Tätigen zum Reparateur oder

Restaurator. Schau, wenn ein wundervolles Kunstwerk Schaden erlitten hat, wird ein Kundiger sich bemühen, es soweit herzustellen, daß es wieder mit Wohlgefallen betrachtet werden kann. Doch unter der neuen Farbe verbergen sich die Narben. Blättert die neue Schicht ab, durch Umwelteinflüsse zum Beispiel, werden alte Verletzungen sichtbar. Der Mensch, das lebendige Wesen hat einen Körper, der, wenn Geist und Seele geheilt werden, seine ursprüngliche Kraft und Schönheit wiederfinden kann. Die Seele wird den richtigen Weg suchen, und der Geist wird ihr folgen. Das heißt, er wird das spirituelle Licht der Seele endlich annehmen, neue Einsichten gewinnen, anerkennen und in die Tat umsetzen. Die Energie, die die Zusammenarbeit von Geist und Seele bewirkt, ist göttlich. Und du weißt: Nichts Unvollkommenes ist im Göttlichen.

Ja, das sehe ich.

Dann siehst du auch, wie das Göttliche den geschundenen Körper in den Arm nimmt. Auf diese Weise geschieht Heilung. Es ist auch Heilung, mein Kind, wenn eine Seele sich in Dankbarkeit von ihrem gequälten Körper verabschieden kann, um in Frieden in das Licht zu schreiten. Du hast solche Menschen schon bis zu ihrem Hinübergehen begleitet. Hattest du wirklich den Eindruck, sie sind „krank“, das heißt „gekränkt“ gestorben?

Alle, an die ich jetzt denke, waren am Ende voller Frieden.

Siehst du, das war die Heilung, die ihnen geschehen ist. Ich nahm sie zurück in meinen Schoß, liebkoste sie dort und ersparte ihnen viel erneutes Leiden - sei sicher.

Jeder Mensch macht immer neue Fehler.

Zumindest solange er nicht seiner Urform entspricht, das heißt: So wie die Gottheit ihn gemeint hat.

Entscheiden sich manche Menschen zum Gehen, zum Frieden in Deinem Schoß, und wissen es nicht?

Die Seele weiß es und heißt es gut, der Verstand rebelliert noch. Wenn du so einen Patienten erlebst, mußt du ihn respektieren. Kämpfe nicht um ihn, damit vergeudest du Energie. Sei geduldig, laß Liebe fließen und - grenze dich ab. Solche Menschen denken an Tod und Auflösung, nicht an Sterben. Die Furcht vor dem Ungewissen - sie haben oft nicht einmal eine Ahnung von der lichtvollen Wahrheit, die sie erwartet - , diese Furcht macht sie häufig trotzig, laut und angriffslustig. Sobald jedoch deine Würde angetastet wird, schicke solche Kranken fort. Bitte sie, über das Wesen ihrer Krankheit nachzudenken, über den Zweck ihrer Gesundheit, über das, was zu ihrem Leiden geführt hat. Mache ihnen klar, daß sie sich zwischen Leben und Sterben entscheiden müssen, und daß du ihre Entscheidung mit ihnen trägst, wenn sie das möchten. Bleibe in der Liebe, aber sei konsequent. Deine Haltung ist nicht mit Härte zu verwechseln, denn hier wächst Konsequenz aus der Liebe.

Schickst Du mir noch lange solche Schwerstkranken?

Du klingst verzagt.

Das bin ich auch manchmal. Ich möchte viel lieber durch mein Schreiben dienen.

Du hast auch lange genug darauf verzichtet, diesem Ruf zu folgen. Gut, daß du auf meinem Rat gehört und vor ein paar Wochen dein „Gewerbe" abgemeldet hast. Nimm ab jetzt keine neuen Patienten an und entlasse deine „Drehtür-Fälle" in ihre eigene Verantwortung. – Du denkst jetzt an die finanzielle Seite.

Ja.

Habe ich dich jemals im Stich gelassen?

Nein, das hast Du nie getan. Was wirklich gebraucht wurde, war immer vorhanden, manchmal zwar kam

Deine Rettung in letzter Minute, aber immerhin, es war Rettung.

Die „letzte Minute" ist nur eingetreten, weil du es versäumt hast, mich rechtzeitig um Hilfe zu bitten.

Es ist mir zuweilen peinlich, Dich mit den Alltagsproblemen zu belästigen, wenn die Welt in Scherben geht.

Das Kleine muß heil sein, damit das Große nicht zerbricht. Wenn meine Kinder Sorgen haben, starren sie auf die Sorgen, die dicht vor ihnen aufgetürmt sind. Den Blick in die Weite des Universums, das alle Fülle für sie bereithält, vergessen sie.

Ich komme mir so klein vor, wenn ich nach Deinem Rockzipfel fasse und um Zuwendung und Hilfe bitte.

Du bist ja auch noch klein. Die Menschen sind, gemessen am Alter meiner Schöpfung, kleine Kinder. Scheue dich also nicht, zu sein, was du bist. Das läßt meine Mutterliebe um vieles inniger strömen. Wer sich mir gegenüber protzig gibt, der wird bald das Gefühl haben, daß ich ihn übersehe. Im übrigen: Wenn du dich genierst, zu mir gelaufen zu kommen, schicke deinen Engel. Alle Engel sind meine Boten – auch deine Begleiter.

Darf ich noch einmal auf gestern zu sprechen kommen?

Durch die Gespräche sind wir miteinander vereint.

Ich sehe mit Unbehagen dem Vergleich entgegen, den Menschen anstellen werden zwischen den „Gesprächen mit Gott", die Donald Walsh führte, und den Gesprächen, die Du mir schenkst. Du führst sie mit mir, aber Du sprichst gleichzeitig mit allen Deinen Priesterinnen, das weiß ich wohl.

Meine Priester dürfen auch zuhören.

Danke.

Ja, Kind, du wirst angegriffen werden, wirst Anfeindungen ausgesetzt sein. Wer da auf dich losgehen wird, versteht nicht, daß diese Gespräche mit mir, der Göttin, kein Phantasieprodukt sind. Versuche nicht, gegenüber den Widersachern eine Mauer aufzubauen. Verhalte dich wie ein Tai Chi-Kämpfer. Schaue dem Anstürmenden entgegen und weiche dann lächelnd einen Schritt zur Seite. Die Raserei muß ins Leere gehen oder ein schmerzhaftes Ende finden. Wer mir dient, genießt meinen besonderen Schutz. Sorge dich also nicht, sondern freue dich, daß du dienen darfst. Freue dich an den Rosen, die keine Dornen mehr haben. Manche Menschen reichen mir dornige Rosen, doch wenn sie an diesen Gesprächen teilnehmen, werden auch ihre Rosen die Dornen verlieren. Doch überlege, was bedeuten ein paar Dornen gegen die Herrlichkeit einer Rosenblüte?

Mutter –

Nein, ich bin dir nicht böse, weil du gestern sprachlich entgleist bist. Ich kenne dich doch. Dein flinkes Mundwerk hat dir schon viele Scherereien gemacht. Ein bißchen gezügelt hingegen hat es vielen Menschen erheiternde Stunden beschert. Ich liebe dich – immer. Durch ein strenges Wort halte ich dich nur einen Augenblick fest, damit du zur Besinnung kommst und bald die nächste Stufe erklimmen kannst.

Möge meine Liebe zu Dir Dich immer grüßen dürfen.

4

Es gibt unterschiedliche mythische Geschichten über die Erschaffung des Menschen. In der mir bekannten Bibel steht, Gott habe Adam, den ersten Menschen, aus Lehm geformt und ihm dann seinen Odem eingehaucht.

Was hast du für ein Bild dabei gesehen?

Ich sah den alten Mann im Sand sitzen – wie ein spielendes Kind.

Backe, backe Männchen?

Wenn es mir auch peinlich ist – ja, so etwa. Und bald darauf: „Schnitze, schnitze Weibchen". Ich mochte diese Geschichte nicht. Es war kein Gleichgewicht in ihr; andererseits gibt es Erzählungen, die von der Ur-Eva, einer Riesin, berichten. Demnach gebar das erste Weib aus sich selbst – wie Du. Das ist mir zwar eher verständlich, bereitet mir aber auch ein leichtes Unbehagen. Erzählst Du mir, wie es tatsächlich geschah?

Es gibt in den Überlieferungen der Völker viele mythische Geschichten über das erste Hervortreten des Menschen, und wenn ihr diese Mythen miteinander vergleicht, erkennt ihr in ihrem Kern dieselbe Wahrheit. Es gab eine ursprüngliche Erzählung, die seit dem Anfang des Menschengeschlechts von Generation zu Generation weitergereicht wurde. Als das Wissen um mich, die Große Mutter, verlorenging, wurde die Geschichte verändert. Es war am Ende der Bronzezeit, als Männer ihre Macht durch Töten, Rauben und Unterdrücken entdeckten. Sie hatten endlich ein Ventil für ihren Neid auf die Gebärenden - und damit besonders von der Göttin Gesegneten - gefunden. Die überlegene Intuition der Frauen zeugte ja von ihrer tiefen, innigen Verbindung mit mir. Es war besonders der Unterschied zwischen weiblicher und männlicher Spiritualität, der die Männer so rabiat werden ließ. Indem sie begannen, auf die Frauen einzuschlagen, schlugen sie auch auf mich ein. Ihr gerietet in Knechtschaft, ich verbarg mich, bevor die Welt von meinen Priesterinnen fast völlig entvölkert war.

Was geschah, hört sich nach Rache an.

Es war Rache. Als die Entwicklung der Menschen fortschritt, habt ihr Frauen Fehler gemacht. Durch eure Intuition hattet ihr mehr Kenntnis über viele Geheimnisse der Natur. Die Männer ehrten euch deshalb, verneigten sich vor euch, in denen sie mich, die Göttin wahrnahmen. Das schmeichelte euch. Die sogenannte „weibliche Eitelkeit“ - schon

immer die Distel im Blütenkranz fraulicher Tugenden - ließ sich gerne huldigen, worüber ihr leider vergaßet, daß nicht ihr gemeint wart.
Ihr wart es, die die ersten Hütten bauten, weil ihr die Tiere beobachtet habt. Ihr konntet die Ausstrahlung einer Pflanze erfühlen und erhieltet gleichzeitig den Impuls, sie heilend richtig einzusetzen. Ihr Frauen habt den ersten Kalender entwickelt im Zusammenhang mit dem Rhythmus des Mondes und dem Fließen eures Blutes. Ihr habt nach den Gestirnen geschaut und konntet das Kommen und Gehen der Jahreszeiten ablesen, noch ehe der Wechsel sich tatsächlich vollzog. Ihr habt die Feuer gehütet, Quellen entdeckt, Nahrung bereitet, die Kälte vertrieben und die Hitze gelindert. Ich wohnte in euch und darum konntet ihr das Leben sein, von dem alle nahmen.

Heute wohnst Du nicht mehr in uns?

Doch, aber ich muß in eurem Dunkel hausen.

Was haben die Männer für den Stamm getan, dem sie angehörten?

Sie sind auf die Jagd gegangen, um den Clan mit Fleisch zu versorgen, denn die paradiesischen Zeiten, da es nur „Sammler“ gab, weil Früchte und das Korn der Gräser genügten, waren längst vergangen. Außerdem war es kalt, die Erde weitgehend mit Eis bedeckt, die pflanzliche Nahrung reichte nicht aus, um viele Menschen die langen, unwirtlichen Zeiten im Jahr überstehen zu lassen. Tiere boten sich auf meine Bitte den Menschen damals als Nahrung an.

So begann das Töten.

Es war in den Anfängen ein anderes Jagen als heute. Die Jäger beteten zum großen Geist - sagen wir des Büffels -, ehe sie auszogen, wenn sie ein solches Tier wegen des Fleisches, der Knochen, Häute und Felle erlegen wollten. Nichts verdarb, alles wurde genutzt. War die Jagd geglückt, bedankte man sich bei mir, weil ich es entsandt hatte, den Menschen zu dienen. Die Männer wußten das, dennoch baten sie auch den Geist des getöteten Tieres um Verzeihung für die Angst und den Schmerz, unter dem es sein Leben gelassen hatte. Niemals, höre, niemals wurde aus Lust am Töten gejagt. Obwohl die Herden oft riesig waren, nahm man nur so viele Tiere, wie zum Erhalt des Stammes benötigt wurden. Richteten sich die Menschen heute nach diesem Grundsatz, wäre dieser Planet nicht ein so darbendes, ausgebeutetes Wesen mit gequälten Tieren und leidenden Pflanzen. Etwas anderes hat später noch diesen vernichtenden Zorn auf die Frauen hervorgerufen.

– Längst hatten die Frauen entdeckt, daß sie nur ein Kind empfangen konnten, wenn sie bei einem Manne gelegen, mit ihm die Felle geteilt hatten. Dieses Wissen hätte die Männer erhoben, hätte ihrem Dasein einen tiefen, spirituellen Sinn gegeben. Als Mitschöpfer neuen Lebens hätte sich ihnen der Zugang zu ihrer innewohnenden Göttlichkeit wieder geöffnet. Aber die Frauen wollten allein als Kinder der Großen Erdmutter geehrt werden. Aus mangelndem gegenseitigen Respekt ist die Katastrophe späterer Jahrhunderte erwachsen, eine Katastrophe, deren Nachwehen noch immer Erde und Welt erschüttern.

Du hast eben gesagt, als Mitschöpfer neuen Lebens hätte sich den Männern der Zugang zu der ihnen innewohnenden Göttlichkeit w i e d e r geöffnet. War dieser Zugang denn einst vorhanden?

Oh, ja! Ich erschuf weder Adam zuerst, noch Eva. Aus der liebenden Vereinigung der Göttin mit dem Gott, also aus dem Urgrund, der die Gottheit ist, trat das erste Menschenpaar hervor. Sie strahlten wie die goldene Quelle selbst und liebten mit der Kraft reinen Feuers, die nicht verzehrt, sondern die Reinheit bewahrt

Zeugte dieses Menschenpaar auch Kinder?

Natürlich. Sie schauten sich in die Seelen, und das leuchtende Licht ihrer Körper verschmolz miteinander. Aus dieser innigen Hingabe ging jeweils ein neues, unglaublich schönes Wesen hervor. Es herrschte nur Seligkeit und Liebe. – Das Verstehen der Einheit ist dem heutigen Menschen verschlossen.

Ich komme immer wieder auf die Bibel zurück. Kain und Abel machen nicht den Eindruck von „unglaublich schönen Wesen".

Besonders das Alte Testament ist eine Aneinanderreihung von fehlgedeuteten und darum mit Irrtümern behafteten uralten Berichten. Später haben dumpfe Mönche im Auftrag von hinterlistigen Kirchenvätern in mühseliger, Jahrhunderte währender verfälschender Pinselei die Wahrheit zum unfrommen Nutzen entstellt. Dennoch ist in der Geschichte von dem ungleichen Brüderpaar ein Körnchen Wahrheit enthalten. Als ich dir die ersten „Kinder" des Menschenpaares geschildert habe, manifestierten sich diese Wesen aus Licht, bevor das geschah, was als der „Sündenfall" bezeichnet wird.

Mir wird ganz schlecht, wenn ich das Wort Sünde höre. Was für ein Schreckgespenst für die ehrlichen, einfachen Gemüter.

Der Begriff Sünde ist die Knute, mit der der Klerus seit jeher die Gläubigen in die Kniekehlen geschlagen hat, um sie demütig zu Boden zu zwingen.

Warum?

Geld, immer nur Geld und damit verbunden Macht, meine Tochter.

Darf ich nach Deinen Worten jetzt der Hoffnung Raum geben, daß es die Sünde als solche gar nicht gibt?

Ja, es gibt d i e Sünde nicht. Irrtümer, Fehler, Untaten, alles wird mit dem Maß der inneren Weisheit des einzelnen Menschen gemessen. Das Gewicht kann schwer sein, und ein Vergehen, das bewußt gegen das Gebot der Liebe begangen wurde, drückt den Missetäter irgendwann besonders schmerzlich. Aber Glaube, Hoffnung und Liebe heilen am Ende die Dunkelheit, in der die sogenannte „Sünde" ihr giftiges Dasein fristet.

Vertrauen in die Liebe der Gottheit und Glaube und Hoffnung auf Vergebung bewahrt den Menschen vor Verzweiflung.

So ist es. Wenn der Mensch, trotz seiner Schattenseiten, sich selbst annimmt und liebt, höre, ich sage, sich selbst liebt, dann wird Sünde zur Chimäre. Erkennst du das?

Ja. - Aber, Mutter, es muß doch etwas geschehen sein, was das Ende des paradiesischen Seins herbeigeführt hat?

Eure Apfel-Mär ?

Na ja, sicher nicht gerade so etwas.

Nein, es war, als die Ergebnisse von Intuition, also Hellhören, Hellfühlen, Hellsehen durch sezierendes Wissen als Wahrheit anerkannt werden sollten.

Das ist bis heute unmöglich!

Deine Empörung gefällt mir. Aber betrachte den ersten Adam und frage den heutigen Adam!

Adam war der Apfeldieb!

Laß uns morgen darüber reden.

*

Er war also der Apfeldieb!

Ja, aber betrachte den Apfel in seiner uralten Symbolik.

Avalon - die Apfelinsel, Insel der Seligen. Meinst Du das?

Wenn du einen Apfel quer durchschneidest, was siehst du?

Ich sehe Dein Zeichen, Göttin. Das Pentagramm.

Jede Spitze des fünfzackigen Sternes steht für eine Tugend. In meinem Maß steht der Stern auf „zwei Beinen", eine Spitze nach oben. Beginnen wir unsere Betrachtung an der Spitze: Dort steht „Barmherzigkeit". Sie ist die mütterlichste aller Tugenden. Laß nun deine Augen im Uhrzeigersinn weiterwandern: „Reinheit" und ihr folgt „Pflichttreue". Als nächstes kommt „Höflichkeit", oder nenne es auch Respekt. Darauf folgt „Offenheit". Verbindest du die einzelnen Punkte miteinander, so daß sich das Pentagramm ergibt, kannst du auch erkennen, wie eine Tugend die andere belebt. Offenheit und Reinheit lassen niemals eine Lüge zu. Höflichkeit verurteilt nicht, und Pflichttreue wird von Barmherzigkeit genährt, ohne die der Mensch nicht dienen kann. Alle diese Tugenden, meine Tochter, werden beglänzt vom Schein der ewigen Unvergänglichkeit. Der Vollkommene, den diese Tugenden zieren, hat das Bewußtsein seiner Unsterblichkeit wiedererlangt. Darum ist der Apfel das Sinnbild des unsterblichen Lebens, zugleich der Reinkarnation, denn in meinem Zeichen in seinem Inneren schlummern die Apfelkerne, der Same, aus dem sich die Entwicklung des Baumes bis zu einer neuen Frucht wiederholen wird. Als Adams Verstand versuchte, über die Geheimnisse des Unfaßbaren zu triumphieren, er sozusagen den Apfel aß, statt das Mysterium des Seelenwissens zu akzeptieren, ging das Geschenk der Gewißheit um die Unsterblichkeit verloren.

Du hast anfangs erzählt, die Menschen bestimmten den Zeitpunkt ihres Todes.

Du erinnerst dich nicht richtig an meine Worte. Der Mensch trat hervor, wuchs, reifte bis zu einem gewissen körperlichen Grade. Er alterte nicht. Irgendwann beschloß er, sich zu verwandeln. Er kehrte in meinen Schoß zurück und kam in anderer Gestalt wieder. Zwischenzeitlich war er nicht tot. Er schlief während seiner Umwandlung, und ich hegte ihn. Krankheit und Tod, wie ihr es heute erdulden und erleiden müßt, entstanden, weil der Verstand eure Herzen fraß. Dunkelheit breitete sich in euch aus, Angst kam auf. Und das Licht der Liebe verkümmerte zu einem jämmerlichen Funken. Gib dich an meine Schöpfung hin und liebe. Liebe ohne Vorbehalt. Je tiefer und lebendiger du liebst, um so schneller wird die Furcht vor dem weichen, was ihr Tod nennt.

Diese Liebe, in die wir erst wieder hineinwachsen müssen, wird die Blindheit von unseren Seelenaugen nehmen.

Ja, denn diese alles durchdringende und allumfassende Liebe führt euch zu eurem eingeborenen Wissen zurück, nämlich, daß ihr der Göttin und des Gottes Ebenbilder seid.

Der Gedanke jagt mir einen Schrecken ein. Dich, Mutter, erkenne ich in der Natur, und Gott thront ehern auf den Altären der Kirchen -

ja, ja, oder ist der ferne Gott, der sich weit hinter dem Blau des Himmels verborgen hält. Ich spreche jetzt schon eine geraume Zeit mit dir, und du hängst noch immer an dem blanken Unsinn, der über den altväterlichen Gott verbreitet wird. Mein Bild erkennst du richtig im Werden und Vergehen, in der Fülle und in der Ruhezeit der Erde im Winter. Aber all dies, Priesterin, geschieht, weil Göttin und Gott eine liebende, sich immer umarmende Einheit sind. Wir sind der Urgrund, aus dem der Quell des Lebens sprudelt. Wir bilden als Polaritäten eine Einheit - das ist Vollkommenheit.

Können Menschen jemals ihre irdische Denkweise ablegen, um zu begreifen, daß alles eine Einheit ist?

Alle Galaxien, alle Universen mit ihren Planeten, Sternen und Fixsternen sind fest miteinander verbunden, bilden eine unteilbare Einheit. Das Wort meines Sohnes Isa: „Was ihr dem geringsten meiner Brüder tut, das habt ihr mir getan“, geht weit über jedes Verstehen von irgendwelchen Schriftgelehrten, Wissenschaftlern oder Philosophen hinaus. Er bemühte sich, euch den Blick zu weiten, Geheimnisse aufzuzeigen, den Schleier vor einigen Mysterien ein wenig zu lüften, denn ihr solltet wieder staunen lernen. Staunen, Tochter, über die unendliche Vielfalt der göttlichen Gaben, den Reichtum, der alles Erschaffene bedeutet. Ihr solltet außer euch geraten vor Freude, weil ihr Teil dieser Göttlichkeit seid.

Wir sollten außer uns geraten?

Ja. Eure Starrheit durchbrechen, euer irdenes Sein sprengen, vom Menschen zum Gottmenschen werden und so wahrhaftig s e i n Bruder werden. Seine besondere Besorgnis galt den Männern, denen er begegnete, ihrem Schwachsinn, mit dem sie das Weibliche verbannten und verdammten. Er liebte die Frauen, er wußte, daß sie alle meine Töchter, meine Priesterinnen, meine Ebenbilder sind. Er liebte und wird immer in euch mich, die Göttin, lieben.

Und dann kam er zu Tode.

Es war Wandlung - erinnere dich, was ich dich vorhin gelehrt habe - und er kehrte zu mir zurück.

Wo ist er geblieben?

Er ist König der Universen. Vielfältig sind seine Aufgaben, um noch größeres Leiden zu verhindern. Er tröstet, er liebt, er rettet.

Der Heiland.

Der Weltenheiler - der Erlösende.

Ich könnte jetzt vor Liebe und Dankbarkeit weinen.

Dann tu es, meine Tochter, und - seine Schwester.

Wir Frauen sind seine Schwestern?

Besonders jene, die bereits zum Bewußtsein ihres Daseins als Priesterin erwacht sind. - Wir machen eine Pause, mein Kind. Du sollst ohne Müdigkeit hören, was ich dir sage, und schauen, was ich dir zeige.

Danke, Mutter.

*

Du hast ihn in die Welt gesandt - Isa, Deinen Sohn. Wann hast Du Deinen Sohn erschaffen? War er schon immer bei Dir?

Ich empfing das liebende Licht, und so gebar ich meinen Sohn.

In uns Menschen hattest du viele Söhne und Töchter.

Ich habe sie noch. Aber für das große Erlösungswerk benötigte ich einen Sohn, dessen Erinnerung an seine Göttlichkeit niemals blind, dessen Vollkommenheit immer durch seine Menschengestalt schimmern würde. Lange, bevor das Paradies sich verbarg vor der Menschen Angesicht, wurde der Gottheit Der Sohn geboren.

Manche Historiker, die Jesu Spuren nachzugehen versuchen, behaupten, er habe seine Aufgabe verfehlt, weil alles beim Alten geblieben war, als er die Erde verließ.

Du drückst dich gerade vorsichtig aus, vermeidest die Wörter „Sterben“ oder gar „Tod“.

Du lehrst, das Göttliche könne nicht vernichtet, ausgelöscht werden. Ich glaube, nicht einmal dem Anschein nach ist Jesus - Isa - in das Reich der Toten hinabgestiegen.

Was sollte er auch dort? Das Feuer einer Hölle löschen, die es nicht gibt? „Arme Seelen" befreien, die längst wieder und wieder inkarniert waren, entweder auf dieser Erde oder auf anderen Planeten?

Es steht geschrieben, er habe alle unsere Schuld auf sich genommen.

Du glaubst nicht wirklich, daß ich einen „Sündenbock" geboren habe, der von der Gottheit in die Öde getrieben wurde, um dort einem Martyrium preisgegeben zu werden.

Ich habe das nie als Wahrheit annehmen wollen. Es ist auch etwas arg Widersprüchliches in den kirchlichen Dogmen: Wenn Jesus für unsere Sünden gebüßt und uns durch seinen Tod am Kreuz von den Folgen unserer Sünden erlöst hat – warum hat er die Erbschuld, die Erbsünde ausgelassen, vergessen?

Da gab es nichts zu vergessen. Die „Erbsünde" ist ein Pranger, an den die Kirche die Menschen – besonders die Frauen – stellt, um zu immer mehr Macht und Reichtum zu kommen.

Dann ist das Übel, Kaution zu fordern oder Kaution zu stellen, ein paar Jahrtausende alt.

Ja, denn Rechenschaft abzulegen vor der Gottheit oder der Menschen Angesicht, ist viel peinvoller als Geldscheine hinzublättern. Für die Obrigkeit ist das einträglich, macht oft sogar den Einzelnen fett und wohlhabend, besonders wenn nach dem Motto „Geld stinkt nicht" gehandelt wird.

Stinkt Geld zuweilen?

Oh, ja. Wenn der hohe ethische Wert des Goldes herabgewürdigt und mit Geld Machtmißbrauch getrieben wird, dann stinkt es sogar zum Himmel.

Setzt Du Geld und Gold gleich?

In seinem ursprünglichen Sinne - ja. Betrachte Gold als verdichtetes Sonnenlicht. Die Sonne repräsentiert den Himmelskönig. Irdische Kaiser und Könige, Stammesfürsten oder einfache Clanführer schmückten sich mit Gold. Auf diese Weise verdeutlichten sie, daß sie ihr verantwortungsvolles, hohes Amt im Auftrag der Gottheit ausübten.

Der Herrscher von Gottes Gnaden, dem das Volk zu dienen hatte.

Das ist eine verkehrte Interpretation. Es geht um den Herrscher, dessen vornehmste Pflicht es war, seinem Volk und jedem einzelnen Menschen zu dienen.

Und das Volk?

Liebte den Herrscher als seinen weisen, väterlichen Beschützer

Und Du, Mutter?

Mich verstand man als die Erde, auf der das Reich erbaut war. Ich war die Fülle, die nährte. In alten Zeiten ging der König mit mir, die ich durch die Hohepriesterin vertreten wurde, die heilige Ehe ein.

Da Du es sagst, fällt es mir wieder ein. Hohepriesterin und der König teilten wirklich für eine Nacht das Lager miteinander. Manchmal wurde dieses Ritual sogar im Kreis der heiligen Steine auf dem Altar vollzogen.

Später rückte man davon ab. Die Hohepriesterin begegnete dem zukünftigen König des Landes an geweihter Stätte. Mit ihrem Athame, dem heiligen Messer, ritzte die Vertreterin der Göttin den Arm des zukünftigen Herrschers, bis sein Blut in das Erdreich tropfte. Auf diese Weise beschwor er, sein Leben, seinen Lebenssaft, für die Verteidigung des Landes und seiner Untertanen hinzugeben. Erst nachdem er auf diese Weise seinen Eid abgelegt hatte, wurde er gekrönt. - Verstehst du jetzt die tiefe Bedeutung von Gold? Von Würde und Sinn dieses edlen Metalls, Sinnbild göttlicher Macht und befeuernder Zeugungskraft?

Ich verstehe. Welche Tragik liegt in jeder Währungsreform, die die Menschheit immer weiter von der tiefen Bedeutung des Goldgeldes hinwegführt. Ob die sakrale Bedeutung des Goldes jemals wieder hergestellt werden kann?

Es wird irgendwann kein Geld mehr geben, da es überflüssig geworden sein wird. Durch bitterste Armut, Verzweiflung und Not - alle Menschen werden davon erfaßt werden - wird endlich der Begriff des Teilens in den Köpfen wieder Platz finden. Mein Reichtum ist unermeßlich, Tochter. Ich bin die Große Mutter, ohne Beginn, ohne Ende. Ich kann alle Menschen, alles Lebende ernähren, denn ich bin der Überfluß. Auch jetzt bin ich der Überfluß, und darum weine ich, wie meine Gaben mißachtet und vernichtet werden, um die Gierigen noch gieriger zu machen, denn diese werden niemals satt sein. Kein Kind dieser Erde müßte Mangel leiden, geschweige denn Hungers sterben. Was ich sehe, erfüllt mich mit tiefer Trauer. Darob gehen meine Engel zuweilen mit zornigen Schritten über die Erde.

Diese Wesenheiten, die Deine Liebe widerspiegeln, werden zornig?

Weil sie mich unendlich lieben und weil sie mir dienen, zürnen sie über der Menschen Untaten. Unwetter und Erdbeben, Naturkatastrophen sind die Antworten der Engel, weil das Gute bei vielen Menschen nicht an seinem Platz ist.

Du sagst nie, daß die Menschen böse und schlecht sind.

Sie sind „ verrückt", die Sinne sind verwirrt, der Unterschied zwischen Licht und Dunkel ist vewischt. Darum leben sie in einer Grauzone, in einem Dämmerzustand, in einer Depression, das heißt, ihre Seelen können sich nicht erheben. Das Licht des Urgrundes kann sie nicht erreichen.

Verdammnis.

Nein, Krankheit. Unermüdlich wird auch um jene Seelen gerungen. In dem nährenden Glanz meiner Liebe ist auch für jene das Geheimnis ihrer Heilung verborgen.

Da darf ich also nicht nach dem „wie" fragen.

Das darfst du nicht. Doch die Versicherung nimm aus diesem Gespräch mit, daß die Lösung aller irdischen Leiden bereits vorbereitet ist.

Wann?

Bald.

Heute möchte ich Dich auf „Multi - Kulti" ansprechen. Das Gemisch kommt auch von Dir?

Alles kommt von mir, aber mein Wollen und Wünschen wurde gerade in diesem Fall falsch verstanden und darum in eine verkehrte Tat umgesetzt. Als eure Mutter möchte ich, daß ihr euch vertragt, daß ihr in Frieden, gegenseitigem Respekt und Liebe miteiander lebt. Ich habe nichts von Multi-Kulti gesagt.

Ich habe einmal gelesen, daß die jüdischen Stämme nicht untereinander heiraten durften.

Das war nicht nur ein Gesetz, um die Traditionen zu bewahren und den eigenen Acker auch dem eigenen Volk vorzubehalten. Wenn viele sich von einem begrenzten Stück Boden ernähren müssen, gibt es bald eine unwürdige Rangelei um die besten Erträge. Das war jedoch nicht in erster Linie der Sinn dieses Gesetzes. Schau, jedes Volk hat seine Traditionen, die die Charaktere der Menschen prägen, die ihm angehören. Das sind oft kleine Eigenheiten, die den Angehörigen dieses Volkes nicht einmal bewußt sind, bei einem

Fremden jedoch Unverständnis auslösen. Das führt am Ende zu Ärger und Streit, zu Enttäuschung und schlimmstenfalls zu Haß. Der macht die Welt noch kränker und ärmer. Außerdem ist dieses Multi-Kulti-Getue oft nur eine Ausrede für die Flucht aus dem eigenen Land. Das Märchen von dem Land, wo Milch und Honig fließen, hat schon viele Menschen verführt, dem angestammten Mutterboden untreu zu werden.

In manchen Ländern ist es schwierig, dem unfruchtbaren Boden gute Ernten abzugewinnen.

Schau nach Findhorn! Dort haben quasi Steine Früchte getragen, und zwar in einer Größe und Köstlichkeit, wie es zunächst unvorstellbar war.

Ich habe davon gehört, auch Bilder gesehen.

Du klingst skeptisch, vermutest ein magisches Geheimnis. Aber diese Menschen in Findhorn haben nur natürlichen Dünger benutzt. Dann haben sie mich durch liebende Worte dazu gebracht, meinen Schoß dem himmlischen Feuer zu öffnen. Der Same schwoll in mir, platzte und gab das Wesen frei, das in ihm schlummerte. Das war die einzige Magie und sie darf jederzeit und überall angewendet werden.

Sie haben die Kräfte der Erde mit den Kräften des Himmels verbunden. Und es geschah.

Du hast einen wesentlichen Faktor übersehen.

Ja?

Sie glaubten nicht nur, Priesterin, sie wußten. Sie ließen in ihren Herzen das Wissen der Urahnen zu, daß in jedem noch so winzigen Quarzsteinchen dieser Erde gespeichert ist, nämlich alle Wesen zu nähren. Weil sie vertrauten, fügte sich das kosmische Gesetz den Gebeten, Liedern und Tänzen.

Auf diese Weise könnten wir sicher auch die Wüste fruchtbar machen.

Jetzt wiederhole ich mich: In Vereinigung mit der Gottheit wird auch das Göttliche in euch schöpferisch.

Wie danke ich Dir!

Sei gesegnet, wie alle meine Priesterinnen.

*

Dein Abschiedssegen gestern Abend - es war ein In-die-Arme-nehmen. Ein wundervolles Gefühl der Geborgenheit durchströmt mich seither.

Aber Kind, ich halte dich immer in meinen Armen. Der Mutter Augen folgen den Kindern überallhin, das weißt du selbst.

Ja, Daniel hat mich einmal entsetzt gefragt, ob Mamis auch hinten Augen haben, weil ich ihn bei etwas Verbotenem erwischt hatte, ohne daß ihm zuvor meine Wachsamkeit aufgefallen wäre.

Erinnerst du dich noch, was du ihm geantwortet hast?

Ich glaube, ich habe zu ihm gesagt: "Manchmal". Es sind wohl die mütterlichen Antennen, die ununterbrochen in Richtung der Kinder ausgefahren sind - der siebente Sinn sozusagen.

Wie richtig du das erfaßt hast. Nun erkläre mir, warum das bei der Großen Mutter nicht so sein sollte.

Du hast es mit Sicherheit in uns hineingelegt, wobei unsere Obhut, die wir gegenüber den Kindern walten lassen, niemals das Gleiche wie Dein allumfassender Schutz sein kann.

Noch nicht. Aber die Not, in der eure Kinder heute stecken, wird mich in eurem Bewußtsein auferstehen lassen.

Dazu möchte ich Dich noch gerne befragen. Aber vorher laß mich bitte noch etwas anderes mit Dir klären. - Dein Abschiedswort gestern lautete: "Sei gesegnet, wie alle meine Priesterinnen." Gibt es Ausnahmen - und was ist mit Deinen Söhnen?

Ich habe dich gelehrt, daß alle Frauen meine Priesterinnen sind, ob es ihnen nun bewußt ist und sie danach handeln oder nicht. Meine Söhne sind im Laufe der Menschheitsgeschichte durch die alleinige Hinwendung zum Alten Gott in ihrem Priestertum deformiert worden. Es ist jetzt an meinen Priesterinnen, ihnen mit liebendem Herzen und sanften Händen die Ohren und Augen zu öffnen. Im staunenden Wiedererkennen der weiblichen Gottheit werden ihre Seelen genesen, und Weisheit und Macht können zum normalen Maß finden. Dadurch wird Liebe und Fülle, die verkümmerte Auswirkung der Elemente Wasser und Erde, erblühen. Im Ebenmaß der Kräfte können Mann und Frau zur heiligen Einheit finden. Nun denke nicht, meine Töchter haben ihrerseits das himmlische Gleichgewicht bereits gefunden. Ihr müßt aufhören, euer Licht unter den Scheffel zu stellen, und eure Macht nicht ausüben, indem ihr etwa auf die Barrikaden steigt, herumschreit und die Welt verkehren wollt durch Nachäfferei der Männer. Ihr seid einander das Ergänzende, und nur so kann alles zum Tao zurückkehren.

Das ist eine hohe Hürde und ein langer Weg. Mir wird ganz beklommen bei dem Gedanken.

Es ist nicht so schwierig, wie es den Anschein hat. „Liebet einander" ist das Gebot in dieser dunklen Zeit höchster Nöte.

Das hat schon Isa uns ans Herz gelegt, mit einer heiligen Eindringlichkeit. Doch die Menschen sind ihm nicht gefolgt.

Sein Wort fiel auf einen Boden, der erst noch beakkert werden mußte. Leiden, Schmerzen, Kriege, Feuer und Sterben sind die Pflugscharen gewesen - sind es noch immer -, von denen die ausgetrocknete Scholle aufgebrochen wird. Schau, die ersten Samenkörner entfalten sich bereits, und junge Saat beginnt zu sprießen. Durch das Junge, Neugeborene, werden bald die Flächenbrände erstickt. Die Zeit ist jetzt reif, und immer mehr Menschen erkennen die Wahrheit im Wort meines Sohnes Isa. Das allein „Not-Wendende" ist die Liebe. Um die große Veränderung herbeiführen zu können, müßt ihr alle in erster Linie lernen, euch selbst zu lieben.

Du sprichst jetzt nicht etwa von einem veredelten Egoismus?

Doch.

Mutter!

Höre mir jetzt genau zu: Egoismus im heiligen - heilenden - Sinne ist das Bewußtsein der eigenen Göttlichkeit. Und die Gottheit, mein Kind, dient und liebt. Sie liebt sich selbst genauso wie alles, was aus ihr hervorgegangen ist. Verweise jetzt nicht auf die Schöpfung als das alleinige Werk der Gottheit. Seit die Menschen hervortraten, sind sie Mitschöpfer gewesen. Wir haben einander gespiegelt, wir sind einander zur Hand gegangen. Auf diese Weise konnte sich das Göttliche, auch das euch innewohnende Göttliche, erfahren. Im Bewußtsein der eigenen Göttlichkeit ist es keine Schwierigkeit, sich l i e b e n d gegen das Dunkle abzugrenzen, und das, was die noch Irrenden euch zufügen, zu vergeben. Das meine ich mit Selbstliebe, mit heiligem Egoismus. Darum lautet das oberste Gebot, wie Isa es euch übermittelt hat: „Liebe dich selbst, damit du deinen Nächsten lieben kannst."

Der Klerus zitiert es anders.

Der Klerus ist eine Herde von verirrten, blökenden Schafen.

Das hören sie sicher nicht mit Freuden, denn sie halten sich für die Hirten und predigen es auch so.

Der Hirte ist die Gottheit und jene, die mit ihrer eigenen Göttlichkeit vertraut dienen. Schafe dienen nicht, sie wollen fressen. Am Ende werden sie ihres Pelzes beraubt und zur Schlachtbank geführt - unter den „wachsamen" Augen der falschen Hirten.

Das ist gnadenlose Ausbeutung.

Du sagst es.

Mutter, Dein Wort über unsere Kinder in Not hat mein Herz erschüttert. Meinst Du den Mangel an Nahrung, unter dem viele Völker leiden?

Auch, aber ausnahmsweise nur am Rande. Es ist der Mangel an geistiger Nahrung, der eure Kinder stumpf macht und die Jugend verrohen läßt. - Aber, meine Tochter, im Inneren deines Körpers kämpft heute deine sich stabilisierende Gesundheit gegen versteckte Reste von schwächendem, gekränktem Sein. Machen wir eine Pause, ehe wir über dieses ernste Thema sprechen.

*

Was ist mit unseren Kindern passiert?

Was habt ihr mit ihnen gemacht? Eure Kinder haben das Grauen des Krieges erlebt, mußten mit ansehen, wie Töten als Heldentat gefeiert wurde. Als der Hunger kam, haben sie die Eltern zum Stehlen begleitet. Sie wurden ermutigt zu lügen, weil viele Erwachsene meinten, mit der Wahrheit könne man das Leben nicht meistern.

Hunger macht auch sanfte Tiere zu Bestien, besonders, wenn sie Junge haben.

Seid ihr Tiere? Das ist mir neu!

Sage mir etwas anderes, das die verzweifelten Eltern hätten tun können?

Umgekommen, meine Tochter, sind jene, die nie gelernt haben zu bitten. Euch wird niemals verwehrt, dessen ihr wirklich bedürft. Es liegt nur in meiner Macht, euch das immer wieder zu lehren - erfahren müßt ihr es selbst. Es ist nur so, daß ihr oft um Unnützes bittet, um Dinge, die ihr zum Leben nicht wirklich braucht, sogar um Luxusgüter, die euch am Ende nicht förderlich sind, euch vielleicht sogar ins Verderben stürzen. Antworte mir, Priesterin, hast du nicht immer wieder erfahren, daß ich sofort mit meiner Hilfe zur

Stelle war, wenn du dich endlich entschlossen hattest, mich zu bitten?

Das hast Du viele Male getan. Wenn das Wasser schon bis zum Mund gestiegen war, ich die Hände faltete und meinen Notruf gen Himmel schickte, hast Du eingegriffen und das Chaos geordnet. Allerdings hast Du mich hin und wieder eine Weile zappeln lassen.

Weil du deine Bitte nicht auf die rechte Art und Weise vorgetragen hast. Höre, was du eben sagtest: "Ich habe die Hände gefaltet und meinen Notruf gen Himmel geschickt". Warum hast du nicht beim Bitten deine geöffneten Hände dargeboten, damit ich meine Gaben hineinlegen konnte? Ihr verschränkt die Hände, und der Segen fließt daneben. Warum rufst du „gen Himmel?" Weißt du noch immer nicht, wo du mich findest?

Du bist immer dicht bei mir, Du hältst mich immer in Deinen Armen.

Ich bin in dir: Darum bist auch du meine Priesterin, weil du mein Tempel bist. Es genügt, wenn du dich nach innen zu mir wendest. Dann kommt die Macht der Göttin über dich, du wirst zur Brücke zwischen Himmel und Erde, und deine Schöpferkraft wird Fülle schaffen - im dir zuträglichen Maß, wohlgemerkt.

Während Du sprichst, besuchen meine Gedanken wieder einmal die Länder dieser Erde, wo die Menschen, besonders die Kinder, an Unterernährung sterben.

Hier kann meine Priesterschaft nur beten, daß die verzehrende Gier in den Herzen der Verantwortlichen gelöscht wird. Schließt euch zusammen, versucht die Menschen dort zu lehren, sich selbst zu versorgen, gebt ihnen die Mittel und stärkt ihr Selbstvertrauen. Ihr sprecht mit falschem Mitleid von der „Dritten Welt". Wo das Leiden jetzt so ausgeprägt ist, dort stand die Wiege der Menschheit. Es ist also die „Erste Welt". Mit gebotenem Respekt - gegenseitigem Respekt und gegenseitigem Lernen - kann auch das darbende Land dort wieder seinen natürlichen Reichtum zurückgewinnen. Nicht im Vermischen - Multi-Kulti - liegt das Heil, sondern im gegenseitigen Bestaunen. Nehmt die ursprüngliche Spiritualität jener Völker auf, sie wird den Rest der Welt von ihrem zerstörerischen Materialismus heilen.

Wurden die Kinder zu satt, als das sogenannte Wirtschaftswunder kam?

Auch damals ging die Gier mit ihrer eisernen Harke durch die Lande und fegte die feinen

Gräser und schönen Blumen beiseite. Zurück blieben zum Teil nackte Steine.

Gaben wir unseren Kindern etwa Steine zu essen?

Ja! Wo die Liebe fehlt, wird die Nahrung schließlich ungenießbar. Das zweite Übel, in das ihr sie hineingestoßen habt, war der Mangel an Zeit. Ihr hattet Angst, der Götze Mammon würde sich euch wieder entziehen, bevor eure ausufernden Wünsche erfüllt waren. Alles - was ihr wolltet, war a l l e s. Ihr brauchtet Zeit, um alles Erreichbare zu erreichen. Aber jeder Mensch hat nur vierundzwanzig Stunden zur Verfügung. Deshalb spartet ihr an den Augenblicken der Zuwendung, die alle Kinder zum Gedeihen brauchen. Sie standen vor verschlossenen Herzenstüren, mußten Steine essen und versteinerten selbst. Aus diesem Zustand sind die damaligen Kinder und heutigen Erwachsenen bisher nicht erlöst worden. Sagt euch von den Steinen los und sät Liebe.

Die heutige Jugend hängt vielfach der Gewalt an. Sie verachtet die Alten und haßt das Fremde.

Es hat sich für sie ja auch bisher nichts gebessert. Der Götze Mammon hat alle menschlichen Werte in den Dreck gestampft. Aus Scham - das

Fehlverhalten war den Eltern durchaus klar - haben die Erwachsenen ihre Anbindung an Höheres gelöst. Die Religion ging verloren.

Der Glaube an Gott ging verloren.

Auch, aber viel schlimmer. Tugenden wurden blind, hohe Ideale stürzten in den Staub. Der Mensch verlor seine Anbindung - religio - und wurde haltlos. Darum rennt die Jugend jetzt falschen Idolen nach. Sie dürfen nicht mehr lernen, was sie möchten, finden keine Arbeit, weil der Umgang mit ihnen viel Geduld erfordert, was wiederum den Verdienst der Chefs beeinträchtigt. Darum sind sie verzweifelt und zornig auf die ältere Generation, in deren Vergangenheit sie die Wurzeln des gegenwärtigen Übels entdeckt haben.

Die Alten werden zum Müll gerechnet.

Sie dürfen sich nicht länger an den Rand schieben lassen und sich jammernd, zu Zeiten gar lustvoll, ihrer Isolation ergeben. Jeder ältere Mensch hat im Laufe seines Lebens Erfahrungen gesammelt, trägt im Geist und im Herzen einen reichen Schatz, der hell leuchtet. Damit kann er die Seelen der Jungen füttern, ihnen die Hände reichen und sie leiten, unauffällig und liebevoll.

Wer will schon auf die Alten hören!

Die, deren Geist Brachland ist, in deren kollektivem Bewußtsein aber die Erinnerung an eine befruchtende menschliche Gemeinschaft nicht verlorenging. Die Alten müssen furchtlos werden, damit sie Demut üben können, das heißt, den Mut zum Dienen an den sehr viel Jüngeren aufbringen. Das wird anfangs schwierig sein, doch wenn Liebe Nachsicht gebiert, ist nichts unmöglich. - Du hast neulich gelesen: „Unheilbarkeit ist eine Fiktion", und bist du nun voller Glück über diese Offenbarung?

Doch, das bin ich, weil ich die Wahrheit erkannt habe. Doch es gehört zur Heilung auch Vertrauen.

Richtig. Bringt also euren jungen Leuten Vertrauen entgegen, liebt sie erst einmal, ehe ihr beginnt, den Wildwuchs auszuschneiden. Ihr alle könnt etwas tun. Frage nicht nach dem „wie". Jeder von euch Erwachsenen ist mit Talenten gesegnet. Wuchert damit, indem ihr sie verteilt. Dadurch macht ihr euch nicht arm. Es wird euch für eure Großzügigkeit ungeahnter Reichtum auf allen Ebenen zufließen. Werft die Trägheit eures Geistes in das reinigende Feuer der Nächstenliebe, und alles wird gut.

Wo kommt der Ausländerhaß her?

Ein heikles Thema. Die Regierung deines Landes hat sich abgewöhnt, Gastgeber zu sein. Selbstverständlich muß man Flüchtenden Asyl gewähren, doch nur für eine gewisse Zeit. Es kommen nämlich auch viele Drohnen, die sich kostenlos vom Tau fremder Blüten nähren wollen, um sich eigener Bemühungen zu entheben. Da müßt ihr einen klaren Blick behalten und auch Strenge walten lassen, wenn es gilt, die Spreu vom Weizen zu unterscheiden.

Göttin!

Ich spreche nicht von unbarmherziger Ausweisung. Diese ist nur angesagt, wenn Kriminalität im Spiel ist. Die prozentuale Beteiligung von Ausländern an Verbrechen ist höher, als die Regierung zugibt.

Warum tun sie das, die Herren und Damen an der Spitze?

Weil sie keine Lösung haben.

Kannst Du eine vorschlagen?

Ihr seid auf dem Weg, ein vereintes Europa zu gestalten. Dazu gehört übrigens nicht, allweit die Grenzen fallen zu lassen. Das eröffnet den Leichtfertigen und Verdunkelten einfache Möglichkeiten, ungeschoren ein Land zu infiltrieren und gute Stabilität durch verbrecherische Machenschaften zu untergraben. In einem Europa, wo die Völker einander in anerkennender Ehrerbietung zugetan sind, muß es möglich sein, reihum Verfolgten Unterschlupf zu gewähren. Wenn ein Land zu klein oder zu arm ist, teilt man die Flüchtlinge auf oder unterstützt sie finanziell durch einen Fonds, in den alle, je nach ihrem Staatsvermögen, einzahlen.

Das ist eine wunderschöne utopische Musik.

Ich gestalte gerade eure Zukunft und bitte um Mithilfe!

Warum wehrt sich unsere Regierung nicht? Mutter, wir haben hier einen Stadtteil, wo mehr Türken leben als in Istanbul!

Sieh, es ist dieses Nichtwehren, das den Zorn der Jugendlichen und auch vieler Erwachsener hervorruft. Natürlich spielt in solche Gemütsregung auch Futterneid mit hinein. Aber kannst du ihnen das verdenken? Es herrschen Arbeitslosigkeit,

Sinnlosigkeit, Haltlosigkeit. Besonders in Deutschland beruht die mangelnde Konsequenz auf dem großen Schuldgefühl, das durch die Schrecken des Nazi-Terrors noch immer verursacht wird. Schuldgefühle können für die Gläubiger reiche Erträge bringen, weshalb diese Gewissensnöte unablässig geschürt werden. Zum Frieden der Welt gehört hingegen Vergebung, und da es menschlich ist, meinetwegen nach einer angemessenen Sühne. Dabei darf die alttestamentarische Drohung, daß die Sünden der Väter bis ins siebente Glied gebüßt werden müssen, nicht wahr gemacht werden, denn die Gottheit kennt keine vererbbaren Schulden. Alte Wunden aufreißen ist schlimm genug, Wunden jenen zufügen, die für die Untaten der Vorväter nichts können, zeugt von einem üblen Wesen. - Ein Mahnmal ist wertvoll, damit durch Nachdenken der einst verübte Terror sich nicht wiederholen möge. Will man damit jedoch die an der Vergangenheit Unschuldigen brandmarken, und das ist unter Umständen bei einigen der versteckte Hintergedanke, entstehen Abscheu, Zorn und Haß. Wenn Menschen nicht aufhören, einander zu verklagen, kommt mein Friede nicht in eure Welt.

Um den Frieden in unsere von Dir erschaffene Welt zu bringen, müssen wir in erster Linie lernen, zu verzeihen. Habe ich Dich hier richtig verstanden?

Du hast meine Worte mit Herz und Verstand aufgenommen.

Um Deine Anweisung zu verwirklichen, brauchen wir Hilfe. Wir sind zu versumpft. Werden deshalb zur Zeit immer mehr Sternenkinder geboren?

Nicht erst seit kurzem, sondern seit vielen Jahren bereits. Sie werden und wurden verkannt, denn ihr Wissen ist umfassender und angeboren. Das ist dem normalen Verstand fremd. Auch ihre Sprache, ihr Wortschatz ist oft ungewöhnlich. Ihre Begabungen sind vielfältig und zeigen sich in einem fast ausgereiften Stadium bereits bei kleinen Kindern. Das erschreckt die Eltern maßlos. Viele Lehrer können mit diesen Schülern, die sie für schwierig oder gar schwer erziehbar halten, nicht umgehen. Unter Umständen gelten diese Kinder für beschränkt, weil sie den Rahmen des üblichen Schulsystems sprengen. Sie sind jedoch Boten der nahenden Neuen Zeit und helfen den anderen Kindern, den Erdlingen, sage ich hier nur zur Unterscheidung. Alle zusammen werden als Erwachsene einst die Phalanx bilden gegen Raub und Mord an dem Planeten und seinen Völkern. Die anderen Erwachsenen, welche die heutige bedauernswerte Jugend ist, werden von ihnen unterstützt werden, damit sie wahre Werte erkennen lernen und die göttlichen Tugenden, die allen Menschen in der Seele verankert sind, erneut entfalten.

Können wir, die wir Eltern oder Großeltern sind, diese „normalen“ Kinder auf irgendeine Art und Weise auf die Begegnung und das Miteinander mit den Sternenkindern vorbereiten?

Natürlich. Führt sie an gute, klassische Musik heran. Ihre Harmonien stärken die Lebensenergie. Ein kluger Mann hat ein Buch darüber geschrieben; es heißt "Lebensenergie in der Musik". Die Erziehenden sollten sich den Inhalt zu Herzen nehmen. Kennst du das Sprichwort: "Wo man singt, da laß dich nieder, böse Menschen haben keine Lieder"? Es steckt Wahrheit darin. Es wäre gut, sie zu beherzigen. Lest euren Kindern vor. Literaten haben die besondere Gabe, die Laute von Silben und Wörtern in Musik zu verwandeln. Sie können mit farbigen, poesivollen Beschreibungen auch malen, sind in der Lage, den Zugang zu anderen Welten und Innenräumen zu ermöglichen. Das regt die Phantasie der Kinder an, vorausgesetzt, sie werden dem Fernsehen entzogen. Das muß nicht radikal sein, aber steuert die Zeit und wählt aus, was sie anschauen. Gewalt und Verbrechen vergiften den Geist. Das heißt, die entstehenden Bilder ziehen neue Untaten an. Die

Macht der Gedanken ist eine Kraft, vor der ihr euch fürchten solltet. Sie kann das Strahlende erschaffen, aber auch dem Finsteren eine im Moment alles verschlingende Energie verleihen. Noch eine letzte Anregung, die ich gebe: Spielt miteinander. Spielt mit euren Kindern, seid fröhlich mit ihnen. Wer miteinander lacht, geht nicht mit Waffen aufeinander los.

Ich möchte gerne Kinder lehren, mit Bäumen, Sträuchern, Blumen, Steinen und Tieren zu kommunizieren.

Tu das, denn dadurch nehmen sie Verbindung mit mir auf und sind für den Augenblick angekommen, wo sie hingehören. Ruhe dich jetzt in meinem Segen aus.

5

Ihr müßt sie hüten, die Sternenkinder, die zu dieser Zeit vermehrt auf eurem Planeten inkarnieren.

Was können die Eltern tun?

Macht sie nicht zum Clown eurer Eitelkeit, damit sie sich später nicht selbst zum goldenen Kalb erhöhen. Auf diese Weise würden sie sich nur die Verachtung der Gesellschaft zuziehen. Das Schlimmste aber wäre, daß ihnen der Sinn für ihre hohe Aufgabe verlorenginge. Die Erinnerung, weshalb sie hier angetreten sind, würde verlöschen.

Sie erinnern sich an ihre Herkunft und an ihren Auftrag?

Ja, viele von Anfang an, bei einigen kommt die Erinnerung später wieder. Aus dem Urgrund erging die Bitte an diese Seelen, die Erde zu heilen, indem sie die Menschen erneut Ehrfurcht und Liebe zur Natur und zum Nächsten lehren.

Sie sind unsere hohen, spirituellen Lehrer.

Bereits schon als kleine Kinder. Beobachtet ihr Tun, aber legt nicht die herkömmlichen Maßstäbe eurer veralteten kriminellen Strenge und toten Pädagogik an sie.

Kriminelle Strenge, Mutter? Übertreibst Du absichtlich, um uns aufzurütteln?

Ich übertreibe nicht. Die Kinder werden geschlagen und gestraft durch körperlichen, schmerzhaften Schaden, den man ihnen zufügt. Auf das Wesen dieser Kinder müssen sich die Erwachsenen liebend einlassen, sonst können sie deren Besonderheit nicht erfassen. Sie schelten die Kinder als „schwierig", strafen oder - genau so schlimm - lassen die Kleinen links liegen, weil sie nicht in die verzopfte Vorstellung des „braven Kindes" passen. Dadurch verkümmern die kostbaren Anlagen meiner Kinder von den Sternen. Manche sterben früh oder werden verrückt. Das Gute in ihren Seelen verliert seinen Platz. Es verirrt sich sozusagen in der Ödnis, die von den Erziehenden für sie geschaffen wird. Hütet also die, welche ihr „Indigo-Kinder" nennt. Verschüttet nicht den Kanal, der sie mit dem Kosmos verbindet, dessen Weisheiten durch sie zum Heile des Planeten zu euch dringen.
Anderes Handeln an ihnen ist ebenso gefährlich. Ihr schüttet sie schon in ihrer Kindheit mit

Psychopharmaka zu, um sie ruhig zu stellen und gefügig zu machen. Ihre Ungebärdigkeit rührt von ihrer Verzweiflung, weil sie sich euch nicht mitteilen können. Ihr Geist wird stumpf, und sie laufen ernsthaft Gefahr, an ihrer Aufgabe vorbeizusegeln. Später greifen sie dann unter Umständen zu Drogen, zu Alkohol und verkommen im Sumpf verwirrter Gefühle und Gedanken. Auf diese Weise werden Erwachsene, Eltern und Lehrer zu ihren Mördern. – Dabei schreitet die Zeit beharrlich voran. Katastrophale Geschehnisse rücken näher.

Was Du beschreibst, macht Angst. Sagst Du mehr darüber?

Nein, denn Untergang ist nur eine Möglichkeit. Ihr sollt euch nicht von finsteren Voraussagen und schrecklichen Zukunfsbildern in Panik jagen lassen. Du weißt, a l l e Gedanken haben eine ungemein starke kreative Kraft. Ihr seid ebenso die Schöpfer eures Universums wie die Gottheit. Badet alles im Licht des Urgrundes, auch die Schrecknisse samt ihren Urhebern. Scheltet nicht die Männer und Frauen an der Spitze der Regierung eurer Mutterländer, haltet böse und rachsüchtige Gedanken fern. Übergebt diese Menschen dem Glanz der Gottheit!

Es ist wunderschön in Deinem Glanz. Er schenkt Reinheit, Frieden, Liebe. - Ist das nicht ungerecht, dem

Chef oder der Chefin einer Regierung, deren Versagen Leiden verbreitet, eine solche Belohnung zu gewähren?

An Vergeltung denkst du jetzt! Die Liebe, mein Kind, kann ein gewaltiges Feuer sein, das Übles verbrennt und reinigt. Glaubst du, dieser Prozeß geht ohne Schmerzen ab? Es sind Wachstumsschmerzen wohlgemerkt. Die Geläuterten kommen als untertänige Diener aus ihrem Purgatorium wenn nicht in diesem Leben, dann in einem anderen.

Oder als Laus - vielleicht, als Straßenköter?

Priesterin! Schon lange wird kein Mensch mehr als Tier wiedergeboren, habe ich dich bereits gelehrt. Glaube mir, die Gottheit hat viele Möglichkeiten, in eine Seele den Mut zu liebendem Dienen zu pflanzen. Glaube es einfach und begehre keine weiteren Erläuterungen.

Manchmal ziehst Du plötzlich einen Vorhang zu.

Das muß ich, damit das Unfaßbare faßbar bleibt. Es dauert noch Zeiten, bis die göttliche Weisheit in meinen Kindern wieder so weit gediehen ist, daß die Wahrheit der Mysterien erfahren werden darf.

Bis dahin nehmen wir die Lehren spiritueller Lehrer hin.

Nicht ungeprüft, meine Tochter. Oft noch drängt sich der Scharlatan aus dem Schatten des Weisen. Ungeprüftes Annehmen aller Aussagen, der klugen und der dummen, läßt auf Denkfaulheit schließen. Darum seid kritisch und schult euer Unterscheidungsvermögen.

Wie?

Bewegt das Gehörte in eurem Herzen und lauscht, was eure Intuition spricht.

Du meinst die Stimme der Gottheit.

Die Stimme der Gottheit. Auch die Stimme eurer schützenden und führenden Engel. Lauschet, folgt und der Irrtum bleibt zurück.

Die Auslese müssen wir demnach selbst treffen?

Sie liegt in eurer Verantwortung, die wiederum ein Geschenk des freien Willens ist, mit dem euch die Gottheit gesegnet hat und der einen Teil eurer Gott-Ähnlichkeit ausmacht. Laß uns nach einer Pause weiter sprechen, denn dich brennt noch die Frage über meine „Redeweise“.

So ist es. Doch danke für die Pause.

*

Als 1988 unvermittelt Engel zu mir zu sprechen begannen, da war diese Sprache eine ganz andere als die, die wir miteinander führen.

Du sprachst mit meinen hehren Boten, jenen, die Künder und Mittler sind. Sie haben auf mein Geheiß nicht der Menschen Alltagssprache benutzt. Du hast damals alles aufgeschrieben, wie du auch jetzt unsere Gespräche festhältst. Erinnerst du dich, wie sehr dich diese ersten Kontakte erschreckt haben?

Ich war noch nicht lange von dem Arzt geschieden, der mich der „Geheimbündelei" bezichtigt hatte, als meine Spiritualität wieder durchbrach.

Du begannst schon damals erneut zu hören und zu sehen, wie als Kind, wo das zu deinem Sein gehörte und dich nicht verwundert hat. Du warst dir nie bewußt, daß nicht alle Menschen diese Gabe haben.

Mutter, ist es allen Menschen gegeben zu sehen, zu hören und zu fühlen, was sich üblicherweise hinter den Schleiern verbirgt?

Allen Menschen, meine Tochter. - Ich lese in deinen Gedanken und antworte: Ja, auch allen Männern.

Warum werden diese Gaben nicht allgemein - ich sage mal - kultiviert?

Ihr habt Angst, Kinder. Das Wissen um den Glanz, um die Wahrheit, um das Göttliche, ist niemals ganz in euch eingeschlafen. - Wie fühlt es sich an, wenn du im Begriff bist, ein wundervolles Geheimnis zu lüften?

Schaurig schön.

Deine Ergriffenheit nennst du „schön", der Schauer ist das Erahnen des unbegreiflich Ewigen. Überläßt du dich diesen Eindrücken, wird dir viel aus der immer gültigen Wahrheit zuteil. Zögerst du und behältst dein Herz bei dir, wird dich Angst überfluten. Diese Angst kommt zuerst in kleinen Wellen, und dir wird „unheimlich". Das ist der Augenblick, wo du um den Schutz deiner Engel bitten mußt. In der Betrachtung deines wahren Seins, im Erkennen deiner eigenen Göttlichkeit, nähere dich uns, die wir im Urgrund als die Gottheit vereint sind. Habe Vertrauen und komme!

Gut, Mutter, aber Du sprichst hier in einfachen Sätzen, führst eine alltägliche Sprache. Du sprichst mit mir - wie eine Schwester.

Ich bin deine Schwester.

Du klingst wie eine Freundin.

Ich bin deine Freundin.

Doch ist es die Göttin, die hier das Wort ergreift.

Betrachte es anders: Es ist die Mutter, die zu ihren Kindern, besonders zu ihren Töchtern spricht. Warum schaust du mich jetzt mit so großen, erstaunten Augen an?

Weil ich mit meiner leiblichen Mutter niemals in solch inniger Vertrautheit und mit so tiefer Liebe ein Gespräch geführt habe...

Distanziertheit bis hin zur Kälte stand zwischen euch - und nun entschädige ich dich für das, was dir entgangen ist. Ich wünsche mir nicht einmal, auf dem Altar in deinem Herzen zu thronen, sondern bitte dich, dich in meine Arme zu werfen, damit ich dich herzen und wiegen kann. Erfahre und begreife: Ich bin neben dir, hinter dir, über dir und in dir. Ich verstehe dich und werde du - und du bist ich, auch wenn du mich noch nicht ganz erfassen kannst.

Wird mir das jemals möglich sein? Werde ich Dich einst bis in das verborgenste Mysterium kennen lernen?

Nein, und das ist auch nicht nötig. Die Liebe, die uns verbindet, ist das Siegel unserer Einheit.

Oh, Mutter!

Jetzt weinst du schon wieder. Nun, über deine Augen verläßt dich das geschmolzene Eis, mit dem dein Herz sich panzerte - zum Schutz gegen das Arge, das dir geschah.

Hast Du mir zu diesem Panzer verholfen?

Was glaubst du?

Es geschieht nie etwas ohne Deine Einwilligung.

Na also.
Es gibt nicht eine Frau auf diesem Erdenrund, die nicht wenigstens eine Inkarnation hatte, da sie verachtet, verfolgt, geschändet und zum Sterben gebracht wurde. Viele haben eine eiserne Rüstung um ihr Herz, viele sind in der Höhle ihres Frauseins verletzt, und der heilige Tempel ist versperrt. Ich spreche mit dir und zugleich mit allen Frauen, den Priesterinnen der Göttin, die ich bin. Ich halte euch in meinen Armen und tröste euch mit den Worten und in der Sprache einer wahren Mutter. Es gibt nur diesen Weg, meine Töchter, um sie zu heilen, ihnen ihre Würde und das

Bewußtsein ihrer heiligen Priesterschaft zurückzugeben.

Wird diese Heilung von ihnen angenommen werden?

Noch nicht von allen Frauen. Einigen fehlt das Gewahrsein ihres eingeborenen hohen Standes, viele leben auch nach einer Reihe von Inkarnationen noch in den unvergessenen Qualen ihrer vergangenen Leben.

Was geschieht mit ihnen?

Liebe und Geduld sind eine ausdauernde, sanfte Heilkraft.

Unser Planet braucht a l l e Heilerinnen. Die Erde will und wird in immer höheren Frequenzen schwingen, beginnt sich in das kosmische Licht zu stürzen.

Stürzen meint: „nach unten“. Sage: „Erheben“.

Gut, erheben. Wo bleiben die, die den Anschluß verpaßt haben?

Du hast zu viel dummes Zeug gelesen. Bei mir, der Großen Mutter, verpaßt keiner den Anschluß!

Ich glaube nicht, daß der Aufstieg der Erde ein Zug ist, den man anhalten kann.

Erde auf dem Bahnsteig - Gleis eins. Der Zug hat Verspätung. - Du hast Vorstellungen!

Danke, daß Du meine Ängste mit einem Witz parierst. Aber im Ernst: Wie kommen die Spätentwickler mit?

Spätentwickler oder Langschläfer, nenne es, wie du willst. Du machst dir über die Sache unnötige Gedanken, weil du in einem Irrtum befangen bist. Es sind nicht nur eine Handvoll Frauen, die bereits zum Bewußtsein ihrer Priesterinnenwürde erwacht sind. Tausende meiner Töchter formieren sich bereits, um meine Wiederkehr feierlich zu begleiten. Sie tragen in ihren Händen Kelche aus Kristall, in denen mein Feuer glüht.

Oh! Der heilige Gral erscheint erneut.

Auch Männer haben sich schon der Prozession angeschlossen, noch mit bangen Fragen im Herzen und einer scheuen Ehrfurcht, die auch euch, meine Töchter, anrühren sollte.

Das Bild macht mich atemlos vor Glück.

Wer mich auf dem Heimweg in das Bewußtsein der Menschheit begleitet, ist genau von demselben Glück und derselben ursprünglichen Freude erfüllt, gerade wie du. Eine Welle jubelnder Energie läuft um den Erdball, und der Planet erzittert jauchzend bis in seine Tiefen. Diese Erschütterungen - positive Erschütterungen wohlgemerkt - wecken die Schlafenden und noch ängstlich Träumenden. Die Veränderung im Bewußtsein findet fast gleichzeitig weltweit statt.

Ein morphogenetisches Feld transportiert das Bewußtsein von der lebendigen Göttin, von der Großen Mutter?

So stelle es dir vor. Aber dieses Bewußtsein muß sich auch auf die männliche Gottheit ausdehnen. Die Bilder Göttin und Gott müssen zur Einheit „Gottheit" verschmelzen. Erst dann seid ihr bei der Wahrheit.

Das Bild vom strengen, barbarischen Gott, an dem zum Beispiel Dein auserwähltes Volk noch immer festhält, ist sehr tief eingebrannt.

Erstens habe ich kein „auserwähltes Volk". Diese Hybris ist in Menschenhirnen entstanden, und es bedarf lediglich einer logischen Betrachtung, um den Un-Sinn zu erkennen. Der Urgrund, die

Vereinigung des weiblichen und männlichen Göttlichen, ist das Sammelbecken von Weisheit, Fülle, Macht und Liebe. Und die Liebe, meine Tochter, ist die stärkste unter allen Kräften. Wie könnte die Gottheit demzufolge eine Elite schaffen, die von einem Kuchen - um in menschlichen Bildern zu bleiben - den Löwenanteil erhält? Eine der vornehmsten göttlichen Tugenden ist Gerechtigkeit. Wo bliebe die?

Ja, ich erkenne, wie falsch dieses alte Denken war - ist. Doch wie kommen wir vom alten, zornigen Vatergott los?

Isa, der Sohn, hat begonnen euch aus den alten Banden, die euch an den „Ungnädigen" gefesselt haben, zu lösen. Nach mehr als zweitausend Jahren bricht nun die Morgendämmerung herein, die seine Weisheitslehre entzündet hat.

Seine Worte, die für uns aufgeschrieben wurden, hat man verfälscht.

Die Wahrheit kommt dennoch an den Tag. In der Überlieferung ist der gute Same bewahrt worden. Die guten Beispiele, die er durch seine Lehre und sein Wirken gab, machen noch immer Schule. Oft genug widersetzen sich die Herzen dem Verstand, und das Gute geschieht. Die Wohltäter sind längst gegen die Missetäter angetreten, die ersteren manchmal sogar als bewußte Gefolgsleute meines Sohnes.

Trotzdem, Mutter, wir wissen nicht, was er wirklich dachte, was er wirklich lehrte und wer er wirklich war. - Jetzt lächelst Du mich an und schweigst.

Deine glühende Ungeduld amüsiert mich und dein kritischer Verstand freut mich.
Vor einigen Jahrzehnten sind die Qumram - Rollen aufgetaucht. Du hast begierig darüber gelesen und schließlich voller Enttäuschung festgestellt, daß kein Text von Isa selbst dabei war. Sei nicht so sicher. Lügenbolde unter sich können eine großartige Vertuschungsarbeit leisten.

Aber es sind unglaublich viele Texte verschwunden.

Isa wußte, was geschehen würde. Er hat an sehr sicherer Stelle seine eigenen Schriften verborgen. Wenn die Zeit reif ist, wird die Erde gesprengt werden, der Stein brechen, und das Zeugnis wird hervorquellen.

Ist das ein Versprechen?

Ich spreche immer wahr und muß deshalb keine Versprechen geben. Täte ich es, würde ich mich in menschliche Niederungen begeben, wo um jede Ecke Lug und Trug lauern und ein Wort etwas sehr Wandelbares und vielfältig Auslegbares gemäß der Willkür meiner ungezogenen Kinder ist. Wir hatten ein langes Gespräch heute. Lösche die weiße Kerze und laß Augen und Hände in mir ruhen.

Ein ewiges Lied sei Dein, Mutter.

Danke, daß du mich ehrst.

So sei es.

Es sei so.

6

Der Traum der vergangenen Nacht geht mir nicht aus dem Sinn. Am Himmel taumelte ein Flugzeug einher. Hin und wieder flappten die Heckflossen, es sah fast aus, als würde ein Wal mit seiner Fluke schlagen. Aber es wirkte bedrückend, wie Abschied nehmend. Dann entdeckte ich den Piloten, einen jungen Mann, der versuchte, das Kabinendach zu öffnen. In mir kam Angst auf. Weißt Du, Mutter, ich war Zuschauerin, am Rande der Szene und doch beteiligt. Schließlich war das Dach der Pilotenkanzel offen, der Mann kletterte heraus und sprang in die Tiefe - ohne Fallschirm. Ich begriff, daß er sich töten wollte. Eine Frau stieß einen Entsetzensschrei aus, wodurch ich sie überhaupt als Beobachterin erst wahrnahm. Wir verfolgten nun mit Blicken das Flugzeug, das vor dem Haus, in dem wir uns befanden, auf die Straße stürzte und in Flammen aufging. Wir sahen den Schein des Feuers, aber nicht das Wrack, ebensowenig konnten wir die Stelle ausmachen, wo der Pilot auf die Erde aufgeschlagen sein mußte. Wir schauten uns an, gelähmt vor Schreck. Plötzlich kam mein Mann in das Zimmer, in dem wir uns in meinem Traum befanden, und machte sich an einer Uhr zu schaffen, die an der Wand hing. Die Uhr war aus Knete, und Peter bemühte sich, das Zifferblatt zusammenzudrücken. „Aber wir brauchen die Zeit noch", rief ich, und er glättete die Uhr wieder. Zu mei-

nem Erstaunen betrat der junge Mann, der Pilot, jetzt den Raum und ging auf die Frau zu. Erst jetzt bemerkte ich, daß sie alt war, aber Güte und Liebe strahlten aus ihrem Gesicht. „Wir wollten heiraten", sagte sie leise und traurig. Der Pilot ergriff ihre Hand. „Das werden wir auch, ich komme zurück, laß mir Zeit. Ich werde wachsen und reifen, und dann können wir ein Paar sein."
Habe ich die Geschichte von Ikarus geträumt?

Hast du diesen Vergleich gezogen?

Er drängte sich mir auf, aber es stimmt doch nicht mit der Hybris des Ikarus überein, der bis zur Sonne fliegen wollte, aber die wächsernen Flügel schmolzen und er stürzte zu Tode.

Vor Urzeiten entdeckten die Männer, daß sie auch Söhne des Sonnengottes sind. Da die Sonne hoch über der Erde am Himmel steht, wollten sie hinauf, in der Nähe des Vaters sein, aber es beherrschte sie ebenfalls der Gedanke, sich weit über die Erde zu erheben. Der unvollkommene Mensch kann sich jedoch nicht dem Feuer nähern, ohne Gefahr zu laufen, zu verbrennen. Durch diesen „Höhenflug" wurde einstmals auch die Trennung vom Weiblichen, von Mutter Erde, vollzogen. Dies geschah im Geiste der Menschen vor vielen Geschlechtern und zählt zu den Ursachen für das Ungleichgewicht zwischen Mann und Frau. - Der junge Pilot hat das erkannt. Deshalb beendete er dieses Leben, gab sich der Wandlung, neuem Wachsen und Werden anheim, um mit der Weisen Alten - sie ist ein hoher Aspekt der dreifachen Göttin, also ein Aspekt von mir, der Großen Mutter - die heilige Ehe einzugehen. Dein Mann, der manchmal an verkehrter Stelle hilfsbereit ist, wollte die Zeit, die Vergangenheit auslöschen, indem er versuchte, die Weltenuhr zu zerstören. Du, die Priesterin, hast erkannt, daß im Irdischen alles seine Zeit hat und seine Zeit auch braucht. Nach den bitteren Erfahrungen, die meine Söhne und Töchter in den vergangenen Jahrtausenden gemacht haben, da sie die Einheit verlassen haben, die den göttlichen Urgrund widerspiegelt, gibt es jetzt keine Spontanheilung, weil dergleichen trügerisch sein kann. Das Zusammenwachsen von Weiblich und Männlich zu heiliger Einheit, die Rückkehr zum heiligen Sein des ersten Paares, wird Wachstumsschmerzen verursachen, aber die sind nötig, damit es keine Rückfälle gibt.

Die Weise Alte und der junge Mann - wie paßt das zusammen?

Verstehe es symbolisch. Der Mann ist hinter der Entwicklung der Frau zurückgefallen. Wir haben bereits darüber gesprochen, daß die Frauen an diesem unglückseligen Geschehen ihren Anteil hatten. Darum zeigte sich in deinem Traum der Mann jung - nicht zur Reife entwickelt.

Wie kann die Diskrepanz zwischen den beiden Geschlechtern überwunden werden?

Zieht die Männer zu euch empor. Helft ihnen, damit sie ihre Seelen und ihren Geist öffnen, um für die Schwingungen des Kosmos empfänglich zu werden. Dadurch werden sie auch die Weisheit des Universums in sich aufnehmen und sich euch langsam annähern, euch wieder ebenbürtig werden.

Dieses „Emporziehen", Mutter, sehe ich als eine nächste Stufe. Was muß zuerst geschehen?

Deine Empfindung hat dich nicht getrogen. Bringt ihnen zunächst die Anerkennung entgegen, die ihnen zukommt. Um die Schöpferkraft ins Wirken zu bringen, bedarf es einer Initialzündung - und das ist der Augenblick der Zeugung. Euch Frauen ist das Zeugen nicht gegeben, den Männern nicht das Gebären. Dies werde ich wieder und wieder betonen, damit sich euer verqueres Denken ordnet. Frauen ergreifen Männerberufe, um Härte und Stärke zu demonstrieren, eine Gleichheit vorzugaukeln, die nicht in der Natur des Weiblichen liegt. Viele schaden sich nicht nur körperlich, sondern auch seelisch in der Ausübung solcher Tätigkeiten, weil ein Frauenkörper dazu nicht geeignet ist. Männer spielen den Hausmann - oft ohne Not - auch hier in der Umkehr ihres Auftrages: für Nahrung zu sorgen und zu schützen. Schau die Priester, Richter und Anwälte. Sie tragen Talare oder Roben und imitieren auf diese Weise die Priesterinnen und Weisen Frauen der ersten Zeit, wo sie sakrale Handlungen ausübten, ebenso wie die Gerechtigkeit von ihnen heilig gehalten wurde.

Gib Deinen mütterlichen Rat, bitte, wie wir der Aufgabe, die Du uns stellst, am besten nachkommen.

Liebet! Neigt euch den Männern zu, seid sanft und zugleich stark, nährt ihr Wissen und laßt sie teilhaben an euren intuitiven Wahrnehmungen. Lehrt sie, sich der Stille ohne Furcht zu öffnen, damit sie hören lernen. Öffnet ihnen auch die Augen und staunt mit ihnen über die unbegreiflich vielfältige Schönheit der Natur. Neigt das Haupt vor ihnen, nur so erfahren sie, was Respekt ist, und sie werden euch auf gleiche Weise begegnen. Wenn die Männer ihre Angst vor euch überwunden haben – ja, du hast mich richtig verstanden, ihre Angst - dann nehmt sie mit Freuden und in Liebe in die Wärme eures Schoßes auf. Umhüllt sie mit eurer

Fülle, laßt sie baden im Wasser des Lebens, dessen ewiger Quell in euch sprudelt.
Folge jetzt meinem Blick, du darfst einen Moment in die Zukunft schauen. Was siehst du?

Ich sehe, wie in einiger Zeit aus dem nährenden Umfangen der Frau der neue Mann geboren wird.

Es wird so sein, Priesterin.

Mit Deinem Segen, Mutter.

Durch die Heiligung des Urgrundes.

7

In der Vereinigung mit einer Priesterin, die in meiner Würde steht, erfährt der Jüngling in seinem Verströmen den „kleinen Tod“. Das ist dir nichts Neues. Aber das Geborenwerden zum Manne, zu meinem ritterlichen Priester, kann nur stattfinden, wenn in dieser Vereinigung auch Freude an der Hingabe glüht.

Ist das nicht immer so?

Heute viel weniger als zu alten Zeiten. Fehlt die Sehnsucht, den Körper als das Tor anzusehen, durch das man eintreten darf, um die Seele des anderen zu umarmen, gleitet eine solche Begegnung in Leidenschaft ab, die aushöhlt und beide Partner verbrannt und mit Bitterkeit im Herzen zurückläßt. Am Morgen danach macht Schalheit die Zunge pelzig, und Scham verschleiert das sehende Auge. In der Erniedrigung der Göttin und des Gottes in meinen Töchtern und Söhnen wird niemals Ganzheit entstehen. Die Mißachtung des heiligen Geschehens findet gegenwärtig häßliche Worte für die hohe Aufgabe, die meinen Kindern zugeteilt wurde zu Mitschöpfern zu werden.

Du klingst gerade, als hättest Du den dunklen Mantel der Trauer umgelegt.

Ich trage diesen Mantel oft, seit ich verbannt wurde.

Bist Du manchmal deshalb wütend auf uns, Mutter?

Du mußt gut unterscheiden zwischen Zorn, Wut - und Rage. Gerast hat der alte Gott, als er Feuer und Schwefel auf Sodom und Gomorrha regnen ließ. Als er sich anschickte, meine Erde zu ertränken, als er Seuchen sandte. Es gibt viele Beispiele.

Du bist ihm in den Arm gefallen und hast der Raserei Einhalt geboten. Hat der Gott keinen freien Willen, den die Göttin respektieren mußte?

Doch, aber er darf ihn nicht mißbrauchen. Tut er das, ist es mein Recht, Einhalt zu gebieten. Dem Gott ist nämlich Weisheit, Liebe, Macht und Fülle - allumfassend - gegeben. Er sieht in die ferne Zeit und kann erkennen, daß es göttlicher Strafgerichte nicht bedarf, da die Menschenkinder am Ende durch meine mütterliche Liebe von ihren Untugenden geheilt werden - durch Belehrungen aus dem karmischen Gesetz, nicht durch Strafen, durch Vergeben, nicht durch harte Bußen. Den Menschen darf die Gottheit nicht in den Arm fallen, euer freier Wille muß respektiert werden. Ihr macht Fehler, gewiß, schlimme Fehler sogar, doch nur auf diese Weise, im Leiden durch eure eigenen Fehler, könnt ihr sie in die dazugehörigen Tugenden verwandeln.

Ungefähr so stelle ich es mir vor: die dunkle Seite polieren, bis beide Seiten der Medaille hell glänzen.

Ein gutes Beispiel. Erst nach dieser Bearbeitung wird die Medaille oder - ein besserer Vergleich - die Münze zu einem himmlischen Zahlungsmittel.

Und die Wut?

Sie läßt den Leib erzittern, macht heimtückisch und vergeltungssüchtig. Sie ist besonders gefährlich, weil sie oft wie der Wolf im Schafspelz daherkommt. Sie reißt Löcher in die Herzen der Menschen, dunkle Löcher, in denen der Schein des göttlichen Lichtes versickert. Dunkelheit umhüllt den Betroffenen, und er kann einen Irrweg einschlagen. Zuweilen bemerkt er lange nicht, auf welchem steinigen, abschüssigen Pfad er sich befindet.

Wie kann er umkehren?

Ich entzünde die Lampe meiner Barmherzigkeit für ihn und wandle vor ihm her. Irgendwann nimmt er den sanften Schein wahr, hält inne und besinnt sich. Auf der Suche nach seinem ursprünglichen Weg und nach seinem Ziel geleiten ihn meine Engel und helfen ihm.

Was geschieht, wenn er vor Wut so blind ist, daß er Dein barmherziges Wirken nicht erkennen kann und weiter in der Irre herumtappt?

Wiedergeboren in einem anderen Leben hat der Mensch eine neue Chance. Ich sage es noch einmal in aller Eindringlichkeit: Die Reinkarnation ist ein göttliches Geschenk an die Menschen. Sie ist eine Gabe unversiegbarer göttlicher Liebe. - Frage jetzt nicht: „Wie oft muß die Menschheit reinkarnieren?“ Jeweils bis die Vollkommenheit erreicht ist, die in euch ist, die jedoch versandete. Das Individuum entscheidet sich immer zu seinem Handeln, nicht die Gottheit entscheidet für das Individuum.

Und der Zorn?

Es gibt einen heiligen Zorn. Er ist mit Trauer verbunden. Rache ist ihm fern, nicht aber Schmerz. Dieser Zorn lodert nicht, aber er möchte wach machen, möchte verändern, möchte Gutes bewirken und steht hilflos vor einer Mauer der Ignoranz, des Leichtsinns und der Böswilligkeit. - Ich ziehe mich in solchen Fällen zurück und schaue weinend auf meine Kinder. Die mächtigen Engel, die Throne und Herrschaften, die Fürstentümer und Erzengel, die höchsten Hierachien also, ringen mir zuweilen die Erlaubnis ab, mit ihren zornigen Schritten die Erde erbeben zu lassen. Ihr heißer Atem entfacht Stürme, und mit ehernen Schwingen peitschen sie die Wasser zu verschlingenden Brechern. Das tun sie, bis das Wehklagen der Menschen meine Trauer mildert und ich den entfesselten Gewalten Einhalt gebiete. Sogleich kehren die Engel an ihre Plätze zurück und trösten mich mit ihrer zärtlichen Liebe.

Bist Du in Deinem heiligen Zorn - vertilgst Du nichts und niemanden?

In manchen Religionen nennt man mich auch die Zerstörerin, doch das ist ein falscher Name für einen bestimmten Aspekt, den ich habe. Das Üble zerstört den Täter und irgendwann sich selbst. Das wird noch nicht erkannt. Seit Jahrtausenden altern die Menschen, weil sie an den Tod glauben. Deswegen sterben sie auch. Wie ein Leichnam, wie faulende Leiber, wie Skelette aussehen, wißt ihr alle. Bevor die Hülle endgültig zu Staub zerfallen ist, ist sie wahrlich kein hübscher Anblick. Für diesen unappetitlichen Vorgang suchte man einen Schuldigen.

Es lag nahe, die Gebärerin für diesen Zerfall verantwortlich zu machen, da die Gestorbenen schließlich in den Schoß der Erdmutter gelegt werden. Doch ich löse in sanfter Liebe auf und gestalte gleichzeitig neu. Ich bin die Schöpferin und nicht die Zerstörerin. Indem ich das Sterbende und Gestorbene umfange und in mich aufnehme, mildere ich den von euch geschaffenen Tod ab.

Du bist immer die Große Mutter, die Leben gibt und nicht vernichtet.

Auf den Schlachtfeldern steht ihr, in den Kriegen tötet ihr. Ungeborenes Leben ermordet ihr. Verhungern laßt ihr, Verdursten geht zu euren Lasten. Die Erde wird mager durch eure tödliche Gier.

Hör auf, Mutter, es ist zu schrecklich!

I h r müßt aufhören.

Wie können Menschen lernen, daß vernichten für kein Problem die Lösung ist?

Es gibt nur eine Möglichkeit, und die ist in euren Herzen festgeschrieben:

D U S O L L S T N I C H T T Ö T E N !

Was tun wir! – Ich brauche dringend eine Pause, Mutter.

Bitte.

*

Wer war der erste Mörder?

Adam.

Adam? - Göttin!

Er war ein Mörder des Geistes. Als er Eva bedrängte, die Ergebnisse ihrer Intuitionen mit dem Verstand zu erklären, da tötete er. Eva begann sich zu scheuen, ihre Gesichte darzulegen, aus Furcht vor Adams Ablehnung. Adam wollte Wissen, Eva strebte nach Weisheit. Am Ende raubte Adams Suche mit dem Verstand nach der Wahrheit beiden die Unschuld. Das heißt, sie verloren das Bewußtsein, Kinder der Gottheit zu sein. Das allein war der „Sündenfall". Als sie erkannten, daß sie nackt waren, entblößt von ihren göttlichen Gaben, schämten sie sich, weil keiner von beiden Vertrauen in die Anwesenheit der Gottheit im anderen gesetzt hatte. Sie wurden nicht aus dem Paradies gejagt, sie konnten es nicht mehr sehen. Wie ein Traum war es ihren Blicken entschwunden.

Werden wir in jenen Traum zurückkehren?

Nein, ihr werdet in eure wahrhaftige Wirklichkeit zurückkehren. Jetzt seid ihr gefangen in einer der Wahrheit entfremdeten Realität.

Also nicht Erwachen, sondern Befreiung.

Beides. Nur ein Erwachter kann seine Freiheit leben.

Danke. Darüber kann ich gut nachdenken.
Ich muß heute immer an meine mittlere Tochter denken.
Es ist ihr Geburtstag.

Ich gratuliere dir.

Du sprichst m i r einen Glückwunsch aus?

Wem sonst? Die Seele deiner Tochter klopfte bei dir an, und du hast sie eingelassen. Du hast mit deiner Schöpferenergie ihren Körper gestaltet, damit ihre Seele einen Tempel hat. Du hast sie umsorgt, geleitet und gelehrt - stets auf die innere Stimme horchend, immer zum Besten deines Kindes handelnd.

Ich habe bei aller Liebe trotzdem viele Fehler gemacht.

Du hast sie ins Leben gestellt. Sie hat sich in der Arbeitswelt einen Platz gesucht, den nur wenige Menschen ausfüllen können. Es fällt ihr oft schwer, dort auszuharren. Ich halte eine Hand über sie, auch wenn sie ihre Augen fest vor mir geschlossen hält.

Ich habe ihr zum heutigen Tag nicht gratuliert, weil sie so unglaublich frech war.

Es tut ihr weh, sie vermißt deine zärtlichen Worte, aber es ist richtig, ihren Undank und ihre Anmaßung nicht zu belohnen.

Ich bin sehr zornig auf sie.

Das sehe ich, und es schmerzt mich deinetwegen. Laß den Schild der Priesterin nicht fleckig werden. Warte nicht, daß sie sich bei dir entschuldigt, das wird sie nicht tun, weil ihr Hunger nach Liebe sie unersättlich macht und ihr außerdem vorgaukelt, sie sei im Recht.

Vielleicht ist sie das auch teilweise.

Nein. Es ist gleichgültig, wie aufgebracht man über Worte oder Taten der eigenen Mutter ist - liebevoller Respekt ist i m m e r das oberste Gebot.

Mir scheint, sie haßt mich sogar.

Ihre Liebe zu dir trägt Dornen. Es gibt zwei Möglichkeiten: Verbrenne die Dornen in deiner Liebe und unterstelle deine Tochter meinem Schutz. Bekümmere dich nicht weiter, doch habe Vertrauen: Mein mütterlicher, wärmender Atem bringt auch den trockensten Dornbusch dazu, eine Rosenblüte zu treiben.

Was kann ich tun, bis das Gestrüpp erblüht?

Nichts. Bereite dich lediglich darauf vor, deine Arme auszubreiten und sie aufzufangen, wenn sie einst auf dich zuläuft.

Sie war schon immer sehr widerborstig.

Ja, ja! Deine älteste Tochter hat die gleiche Krankheit. Doch ich sage dir: Ihre Seelen sind mir genauso kostbar wie deine. Auch sie sind meine Priesterinnen, wissen werden sie das allerdings erst zu einem sehr viel späteren Zeitpunkt.

Ein schwacher, aber immerhin ein Trost.

Jetzt spricht deine Ungeduld aus dir. Vor fast zwanzig Jahren habe ich dir schon einmal zugeflüstert:

Deine Ungeduld ist der Abhang, auf dem du immer wieder ein Stück zurückrutschst.

Das habe ich nie vergessen, weil mich das Bild erschreckt hat. Es ist bedrückend, sich als unfähige Gipfelstürmerin zu erkennen.

Ach, unfähig bist du nicht, du hast dich nur noch nicht genug geschult und diszipliniert. Immerhin übst du mit Fleiß.

Du scheinst mir recht erheitert.

Ich ermutige dich mit lächelnder Langmut.

Deine Langmut gegen meine Ungeduld - da entringt sich mir ein Seufzer.

Du bist ich und ich bin du - vergiß das doch nicht immer wieder. Wenn du dich nämlich daran erinnerst, schmelzen Gegensätze wie Schnee in der Sonne.

Bitte, ich möchte noch einmal auf die Geburtstagsglückwünsche zurückkommen.
Der Mutter zu gratulieren ist einsehbar nach Deinen Worten, wobei die guten Wünsche hauptsächlich einen Dank abstatten. Gibt es für das „Geburtstagskind“ keinen Segen?

Doch, natürlich. Ihr solltet aber besser den Tag der Inkarnation feiern, dem Menschen für den Mut danken, die Erde betreten zu haben, um seine spezielle Aufgabe zu ergreifen, seinen Platz im großen Plan der Gottheit als Individuum nach bestem Können auszufüllen. Bevor die Seele in einem Körper ihr Erdenleben beginnt, das geschieht beim Menschen, wenn das weibliche Ei von der männlichen Samenzelle befruchtet wird, hat sie das ganze künftige Leben betrachtet, hat „Ja" gesagt zu seinem neuen Schicksal.

Und macht doch später Fehler, verirrt sich und weicht so dem Unglück nicht aus.

Erst jetzt, zu Beginn des Neuen Zeitalters erinnern sich Menschen hin und wieder an vergangene Leben, doch kaum an ihre Zwischenleben, beziehungsweise Seelenleben. - Alle Seelen wissen, daß ihnen später die Erinnerung an das Geschaute fehlen wird. Kannst du jetzt erkennen, wieviel Mut es braucht, dennoch eine weitere Inkarnation anzunehmen und zu durchschreiten?

Setzt ein sogenannter „blackout" mit der Geburt ein?

Nenne es ruhig so. Für ein paar Tage schauen die Kleinen noch das Licht, bis die Welt es ihnen verdunkelt. Doch die Zeit rückt näher, da immer mehr

Menschen geboren werden, deren Bilder von vergangenen Leben und auch das Wissen um das Zukünftige nicht mehr verloren gehen. Sie sind die Weisen, die Meister, deren Vollkommenheit eine Inkarnation nicht mehr erforderlich macht.

Weshalb erscheinen sie dann hier?

Sie kommen freiwillig, sind die Lehrer für die Nachzügler und Sitzenbleiber. Keines meiner Kinder muß dereinst draußen bleiben, wenn die Pforten dieses Universums geschlossen werden.

Moment mal, Mutter! Hast Du nicht gesagt, Deine Schöpfung würde nicht zerstört werden?

Habe ich eben von Zerstörung gesprochen? Ich habe dir erklärt, daß ich mit meinen Priesterinnen und Priestern, den Ebenbildern der Gottheit, in alle Ewigkeit erschaffen werde. Das beinhaltet auch, das Alte zu regenerieren und umzuwandeln. Wenn die Türen dieses Universums geschlossen werden, beginnt etwas Neues, ein vollendetes anderes Wunder entsteht wieder. Die Tore werden sich erneut öffnen und im Glanze einer Neuen Welt beginnt das Wirken der Gottheit und ihrer unzähligen Mitschöpfer.

Ein zweites Paradies entsteht?

Etwas viel Schöneres. Denn der alte Adam hat sich in den neuen Mann gewandelt, der sein Wissen aus der Weisheit und Intuition schöpft. So ergänzt sich das Männliche mit dem Weiblichen ohne Bruch. Das Gegensätzliche vervollkommnet sich zum Kreis, in dem verbindend das Leben strömt, aus dem Leben sich manifestiert durch die Macht der Liebe.

Wann, Mutter, wann?

Einst. Ewigkeit ist das gleichmäßig Fließende. Ihr könnt es nicht aufhalten und nicht beschleunigen. Ewigkeit ist das Atmen der Gottheit, ohne Ende, ohne Maß.

Geliebte Mutter, ich danke Dir von Herzen für Deinen Zuspruch.

Sei gesegnet, Priesterin.

8

Mutter, es tut mir so leid, daß ein paar Tage seit unserem letzten Gespräch vergangen sind.

Du hast dich kränken lassen, seit Wochen schon, durch das abwertende und lieblose Verhalten deiner Töchter. Kränkung macht krank, - das ist dir ja bekannt.

Es ist schwer, nicht betroffen zu sein, wenn man verkannt und verleumdet wird. Mir ist klar, daß ich weder Dank noch Respekt einfordern kann. Aber muß ich das Gegenteil hinnehmen?

Du fragst immer dasselbe. Nein, natürlich nicht, du darfst es nicht hinnehmen. Entweiche der Kränkung, indem du deine Töchter ziehen läßt. Gib ihnen deinen Muttersegen mit auf den Weg und lasse sie gehen.

Ich las neulich: " Kinder wachsen den Müttern nicht nur unter dem Herzen, sie wachsen ihnen direkt ins Herz hinein." Das macht es wohl so schmerzhaft, wenn wir sie samt den Wurzeln herausreißen müssen.

Wer sagt das denn? Sie werden immer von dem feinen silbernen Gespinst eurer Liebe umhüllt sein. Dies sind die Fäden, die ich webe, wenn meine Priesterinnen mir dienen, indem sie neues Leben in sich ausformen und gebärend der Erde schenken. So werdet auch ihr zur Großen Mutter - auf eine geheimnisvolle Weise, die sich der menschlichen Ratio entzieht. Dafür danke ich euch und umkränze euch mit Rosen und Lilien und erhebe euch zu meinem Altar. In eurem Leid und Kummer werdet ihr dessen aber oftmals nicht gewahr. Viele von euch macht der Gram hart, das Herz schlägt in einer eisernen Kammer. Zuweilen besteigt ihr dann ein Streitroß und bemüht euch, es den Männern gleichzutun. Jedoch die Weihe, die ihr als Frau, als Priesterin, erfahren habt - wisset: ob ihr es wollt oder nicht! -, ist unauslöschbar auf eurer Stirn eingeprägt. Warum also trauert ihr Großen und Erhabenen?

Was ist mit den Frauen, die keine Kinder bekommen wollen oder können?

Wenn ihr Ewigkeit denkt, dann richtet sich euer Blick vorwärts, in weite Fernen. Vergeßt nicht, den Blick auch rückwärts schweifen zu lassen. Die Ewigkeit hat vor einer Ewigkeit begonnen. Die Schöpfung wäre längst menschenleer, hätten Frauen nicht stets ihr Amt als Priesterin der Großen Mutter erfüllt - alle Frauen. Die Frauen, die in dieser Zeit kinderlos sind, waren Mütter in der Vergangenheit und werden künftig wieder Mütter sein. Warum sie hin und wieder in einer Inkarnation ohne Nachwuchs sind, - nimm es hin und rätsle nicht, warum. In diesen Gesprächen, meine liebe Tochter, werden du und viele andere die Dinge nicht mit dem Verstand klären, sondern mit dem Herzen erfassen. Doch dein Herz gießt nicht alles in Worte. Das Unwägbare, noch nicht Faßbare, kann ein Wort nicht erjagen.

Das Verhüllte bleibt verhüllt?

Wer warten kann, dem hebt sich zuweilen ein Schleier.

Du warst dabei, als wir am Sonntag Besuch hatten.

Der junge Mann begann meine Worte, soweit er den Text gelesen hatte, zu sezieren. Du hast verschwommen geantwortet, weil dir das, was ich dir zuflüstere, zuweilen beinahe ketzerisch erscheint.

Wenn ich nicht wüßte, daß die Göttin keine Ketzerin ist – vielleicht. Doch darf ich Dir die Frage unseres Freundes jetzt in unserer vertrauten Zweisamkeit stellen?

Du darfst.

Es ging um den rächenden, eifersüchtigen Alten Gott, der gewillt war, Deine Schöpfung zu zerstören. Wärest Du ihm nicht in den Arm gefallen, er hätte gnadenlos Leben verbrannt, ersäuft, dabei noch viele unschuldige Tiere. Unser Freund fragte sich, wie ein Gott, mit allen göttlichen Tugenden ausgestattet, so danebengreifen konnte, - wie er es etwas salopp ausdrückte. In der Einheit mit Dir konnte er eigentlich gar nicht so handeln, meinte er. - Mutter, ich wage nicht zu fragen: Ist er weniger Gott als Du?

Ich habe den männlichen Gott geboren und ihn mit vielen göttlichen Tugenden ausgestattet. Ich war voller Seligkeit, als er von da an mit seinem Zeugungsfeuer meine Schöpferkraft erfüllte. Nach einiger Zeit, um in menschlichem Maß zu sprechen, ließen wir in Übereinkunft unseres Wollens ein Menschenpaar hervortreten. Wir schufen die Menschen als unsere Ebenbilder, um uns zu erfahren. Die Frau war meine Tochter, mir unbegrenzt nahe, der Mann ähnelte dem von mir geborenen Gott. Eva, nehmen wir ruhig diesen Namen, brachte Leben hervor durch meine ihr innewohnende Schöpferkraft und - sie w u ß t e, wußte ohne jeden Zweifel, weil die von mir ererbte Intuition, meine Stimme in ihr, ihr jedes Wissen zufließen ließ, dessen sie bedurfte.

Stand Adam diese Intuition nicht zur Verfügung?

Sie ist urweibliches Eigentum und dem Manne nicht im selben Maße zugänglich wie der Frau. Eva erfühlte, und Adam respektierte und glaubte an die Wahrheit dessen, was sie erfühlte. Mit der Kraft seines Geistes rief er Evas Intuitionen in die Realität. So ergänzten sie einander und waren in Frieden und glücklich.

Bis Adam begann, „Beweise" für das intuitive Wissen zu fordern, wie Du zu Beginn unserer Gespräche erörtert hast. Er verlor sozusagen seinen Glauben an das Ebenbild der Göttin.

Das war so.

Es ist manchmal von der verführenden Schlange die Rede. Trat sie in Erscheinung und verunsicherte Adam?

Wer oder was Adam verführte, wurde erst später „Schlange" genannt.

Mutter, als die „böse" Schlange im Paradies aufkreuzte, war das Böse noch gar nicht in Erscheinung getreten.

Ich hatte es aber längst geschaffen, wissend, daß die Menschen es einst brauchen würden, um das Helle vom Dunklen zu unterscheiden und sich dann entscheiden zu können. Ihr braucht die freie

Wahl, damit ihr Fehler machen könnt, aus denen ihr lernt. Fehler, aus denen ihr lernt, sind der Kompost, auf dem sich euer Wachstum zum Licht vollzieht.

Die Schlange trat also auf, und Adam verfiel ihren Einflüsterungen.

Nein. Es war die verletzte männliche Göttlichkeit in Adam, die ihn verführte.

Mutter!!

Würde ich dich belügen? - Ich bemühe mich gerade, dir in einer sehr vereinfachten Darstellung etwas zu enthüllen, was dem herkömmlichen religiösen Verstehen fremd ist. Doch wenn du das eben Gehörte lange genug in deinem H e r z e n bewegst, wirst du dich dem Licht der Erkenntnis nicht entziehen wollen.

Nein, nein, aber es erscheint mir in diesem Augenblick als eine Ungeheuerlichkeit. Adams eifersüchtiges Denken hat den männlichen Gott in ihm verletzt?

Das klingt für euch unglaublich, weil euer Denken im Bild des alleinigen, allmächtigen Gottes verhaftet ist. Der Patriarch hat die Gewalt und Macht. Wer wagte es, an seinem Herrscherrecht zu zweifeln? Während mein Bild als Mutter der Erde verblaßte, trat der Gott mit der lodernden Geißel hervor. Das ist geschehen durch die verwirrten Altväter und den Größenwahn der Kirchen. Doch jedes Terrorsystem bricht irgendwann zusammen, sogar wenn es als tausendjähriges Reich proklamiert wird, was ihr in der jüngsten Geschichte eures Volkes erfahren habt. Jedes Übel ist irgendwann durch die waltende Gerechtigkeit, durch das Karma, das ihr löst oder das durch Gnade beendet wird, zum Tode verurteilt. Gnade, meine Tochter, ist die Zwillingsschwester der Liebe. Erkenne: Nur die Wahrheit ist das Licht und das Leben. Beides währet ewig.

Der von Dir geschaffene Gott - hatte er auch sein Problem mit D e i n e r Intuition?

Neid kam bei ihm auf, weil er die Kraft des unbegrenzten, intuitiven Wissens zu fürchten begann. Dieser Neid schwächte ihn. Seine eigenen Anstrengungen blieben dadurch Stückwerk, denn Intuition ist nicht durch Bemühungen zu erwerben. Hätte er die Weisheit geehrt, die der Anteil seiner männlichen Tugenden ist, wäre er wohl nicht so scheelsüchtig geworden. Er hatte ja nun sein Spiegelbild in Adam, der sein Ebenbild war, und es begann ihn die Hingebung des Mannes an Evas Kräfte zu ärgern. Das war der Anfang der

Mißachtung und des Mißverstehens der Geschlechter.

Ein unvollkommener Gott also?

Es gibt kein Geschöpf, das vollkommen sein m u ß, obwohl ich meine Schöpfung groß und heilig gemeint habe und mich nach der vollkommenen Manifestation meines Gedankens sehne.

Irgendwie schon wieder die Apfelgeschichte, oder?

Nein - mangelnde Erkenntnis! Der versehrte Gott - und Adam - übersahen, daß Weisheit gepaart mit Intuition, der strahlende Geist verbunden mit dem Gefühlswissen, Erkenntnis schenkt.

Haben sie diese Erfahrung nie gemacht?

Doch, bis die Gier nach „mehr" kam. Aber Erkenntnis kann man nicht steigern.

Heutzutage schon.

Ihr könnt mehr Wissen erwerben, ihr könnt forschen. Doch in Gänze in das Räderwerk der Schöpfung einzudringen vermögt ihr nicht. Geister, die das versucht haben, sind häufig irre geworden. Das Unergründbare ist nicht zu ergründen. Meine Schöpfung ist ein Geheimnis. Meine Ebenbilder sind göttlich, aber sie sind nicht die Göttin, die ohne Anfang ist.

Der unzufriedene Gott wisperte so lange mit Adam, bis dessen Eintracht mit der Gefährtin sich in Zwietracht wandelte.

Stelle es dir so vor. Es ist jedoch komplizierter und komplexer.

Dann stelle ich mir auch vor, daß die Paradiesschlange auf zwei Beinen kam.

Ach, Priesterin!

Mutter, in jeder Bibel steht, daß „Gott" die Schlange zur Strafe für ihren miesen Einfluß auf Eva fortan auf dem Bauche kriechen ließ.

Ich kann nur seufzen, Tochter. Was glaubst du, warum das Alte Testament während vieler Jahrhunderte zu den verbotenen Büchern gehörte?

Vielleicht haben sich die Kirchenoberen wegen des Unsinns und der Widersprüchlichkeiten geschämt, die dort verzapft sind? Außerdem, mit dem Maßstab der Prüderie gemessen, ist auch noch viel „Unmoralisches" in den Geschichten geschildert. Es ist häufig von

„Göttern" die Rede, von deren schlechten Charaktereigenschaften, ihrer Neigung zu Inzest und Promiskuität.

Du bist deutlich, Tochter, doch dein Denken entbehrt nicht der Wahrheit.

Die Bibel ist immerhin das meistgelesene Buch der Welt.

Na, die Harry-Potter-Reihe läuft der Bibel demnächst den Rang ab.

Mutter, was weißt denn Du von Harry Potter?

Ich helfe doch beim Schreiben, damit die Bücher spannend und phantasieanregend sind. Wer sie liest, läßt grausame Video-Spiele aus, wenigstens für einige Zeit. Die Harry-Potter-Saga verdeutlicht auch, daß es hinter dem von euch sogenannten „Weltgeschehen" noch etwas gibt, dessen Existenz genau so real ist. Menschen, deren Klugheit mit Spiritualität überhaucht ist, sind sich sogar sicher, daß hinter der Wirklichkeit das wahrhaftige Dasein existiert. Dieses Dasein spiegelt in seiner wundervollen Vielfalt den innigen Verbund zwischen Himmel und Erde, der Göttin und dem Gott.

Heilige Schriften der alten Religionen und die Medien von heute. Ich möchte gerne mit Dir darüber sprechen.

Gerne, aber nicht heute. Ich segne dich zum Abschluß, wie immer, geliebte Tochter.

Danke, meine über Alles geliebte Große Mutter.

9

Du hast meine Worte von gestern in deinem Herzen bewegt und möchtest mir noch eine Frage stellen.

Ja. Du sprichst häufig vom „Urgrund". Wenn ich Dich richtig verstanden habe, ist dort das weibliche und männliche Göttliche in reinster Vollkommenheit vereint. Aber der Gott, der Adam verführte, der später sogar danach strebte, das Leben Deiner Schöpfung zu vertilgen, - jener Gott trägt Wesensmerkmale, die jede Vollkommenheit vermissen lassen. Was hat dieser „Gott" im Urgrund zu suchen?

Deine Sprache ist kühn. Ich werde dir dennoch antworten. Von allem, was ich je erschaffen habe und noch erschaffen werde, existiert die reine Form, das Urbild. Manches Erschaffene verliert im Verlaufe seines wiederholten Auftretens auf der Erde oder auch, wenn du so willst, in der Abnutzung seine strahlende Form. Das Urbild, wie es von mir gemeint war, ist zuweilen kaum noch zu erkennen. Ich lasse jedoch alle Veränderungen zu, denn jeder Wandel ist ein Zeichen für fließendes Leben.

Die Urform aber bewahrst Du im Urgrund.

Das sind schlichte Bilder, aber sie helfen dir, einen kleinen Funken des Verstehens zu entfachen. Der Urgedanke eines mir ebenbürtigen Gottes ist mit meinem Ursein im Urgrund vereint, dort, wo ich formlos bin. Verstehe: Die göttlichen Gedanken sind nicht verformbar, können nicht angetastet werden. Ehe wir erschaffen, träumen wir, und diese Träume sind reinstes Licht.

Du sagtest eben, Du hast eine Form?

Priesterin, spreche nicht töricht! Du verneigst dich vor den Blumen, Gräsern, dem wogenden Korn, den Büschen, den Bäumen, besonders gern vor den Birken. Deine Seele küßt die Sterne, mit deinen Füßen schmeichelst du dem Erdreich. Du dankst dem Brot auf dem Tisch und ehrst gleichzeitig die Ähren, deren Erd - und Sonnenkraft schließlich das Mehl für euch gaben. Mit dem Gesang der Vögel jubiliert dein Herz und deine Augen trinken die Farbenpracht des Regenbogens. Dich erfüllt tiefste Freude und Demut vor der Natur –

– die Dich ausdrückt!

Die ich bin. Die bist eine eingeweihte Priesterin einer uralten Naturreligion gewesen, die du einst als die einzige Wahrheit angenommen hast. Vom

Mondlicht umflossen hast du mir am Altar im Kreise der Steine gedient. Deine inbrünstige Hingabe hat mich in meinem Glanz viele Male für euch Priesterinnen manifestiert.

Manchmal erinnere ich mich vage. Dann schenkst Du mir Augenblicke vollkommener Erfüllung.

Du hast manches Mal die Große Invokation angestimmt, und die hellen Stimmen deiner Mitschwestern vereinten sich mit deiner klaren Stimme zu einem brausenden Chor, dessen Harmonien die Erde sanft bereiteten und dessen schwingende Energien den Himmel öffneten

Heimweh erfaßt mich: Komm zurück, Göttin!

Warum murmelst du? Sage es laut.

Komm zurück, Göttin - bitte!

Vereint euch, Priesterinnen, in stampfendem Flehen, im Rhythmus sich ständig steigernden triumphierenden Wissens, bis eure Stimmen sich zum Schrei vereinen werden: „Die Göttin kommt!" Keine Mutter, nicht einmal die Göttin, hätte die Kraft, dem fordernden Rufen ihrer Töchter zu widerstehen. Sobald ich nahe, werden auch meine Söhne sich anschließen. Scheltet sie nicht wegen ihrer anfänglichen Zaghaftigkeit. Männliche Stärke und göttliche Macht müssen sie erst erneut lernen. Seid ihnen geduldige Lehrmeisterinnen. Nur in eurem Maß mütterlicher Liebe und in den Wassern unermüdlichen Vergebens, die aus euch strömen, können die Männer den Frieden erlernen. - Ich muß viele meiner Worte wiederholen, damit sich euch das „Not - wendende" als Dringlichkeit besser einprägt.

Männer sind oft ungeheuer arrogant und ignorant.

Überseht es, geht nicht darauf ein. Was nützt dem Hahn sein Gockeln und Stolzieren, wenn die Hühner ihn nicht beachten.

Es sind offensichtlich emanzipierte Hühner, von denen Du sprichst. .

Ich bezeichne sie lieber als selbstbewußte Hühner, und nach einiger Zeit wird es emanzipierte Hähne geben.

Das klingt männerfeindlich, es könnte jedenfalls so ausgelegt werden.

Oh, nein, meine Tochter. Hinter meinen Worten steht mein Verstehen für eure Sehnsucht, endlich wieder einen Gefährten zu haben, mit dem ihr in paradisiescher Einheit zusammen sein könnt, wie das Paar in meinem Garten vor der Verführung Adams.

Ich weiß, aus Dir heraus geschieht nur das Wahre. Aber das Bild, das Du malst, ist mir noch sehr utopisch.

Zweifle nur. Ich weiß, du liebst mich, und aus Liebe zu mir wirst du bestrebt sein, alles zu tun - mit vielen anderen Frauen gemeinsam - um meinen innigen Wunsch Wirklichkeit werden zu lassen. Denn eben dieser Wunsch brennt in mir aus Liebe zu meinen Kindern. - Seid einander Gefährten!

Ich verspreche Dir mein Bemühen.

Danke, Priesterin.

*

Mit Erschrecken höre ich, daß zur Zeit viele Kinder mit dem Down - Syndrom geboren werden. Schickst Du uns damit so etwas wie die Plagen Ägyptens?

Das war der Alte Gott, nicht ich, der sieben Plagen für Ägypten ersann. Die „kranken" Kinder haben sich entschlossen zu inkarnieren, um menschliches Verhalten zu korrigieren. Krankheit ist niemals Strafe für den Betroffenen, sondern immer ein Korrektiv, aber manchmal auch ein Korrektiv für die Familie des Leidenden. Die Veränderung in den Chromosomen tritt zur Zeit vermehrt auf, weil eure Nahrung durch Genmanipulation verdorben wird, weil eure Seen und Meere verseucht sind und das Leben in den Flüssen erstirbt. Eure Luft ist verschmutzt, giftige Abgase verkleben euch die Lungen. So betritt junges Leben, das behütet werden sollte, bereits vorgeschädigt die Erde. Der Vergiftungsprozeß setzt sich umgehend fort. Die Wissenschaftler stehen angeblich vor einem Rätsel, was die vermehrte Geburt geschädigter Kinder betrifft. Nur die, deren Spiritualität zumindest im Geheimen erwacht ist, wissen um die Zusammenhänge zwischen der todmüden Erde und dem zunehmenden Auftreten der Krankheit. Erst wenn die Generation der Indigo-Kinder, eurer Helfer von den Sternen, herangewachsen ist, werden Erkenntnisse gewonnen werden und kosmische Gesetze sich wieder durchsetzen.

Und bis dahin?

Die Menschen sind in Hektik verfallen. Die ist ein gefräßiges Tier, das Geduld und Liebe, Opferbereitschaft und Hingabe verschlingt. Jedes Elternpaar, dem ein solches Kind mit Down-Syndrom geboren wird, sollte dankbar sein und sich in besonderem Maße von mir gesegnet fühlen. Jene haben nämlich die Aufgabe, den

Mitmenschen Ekel und Abscheu vor solchen Kindern zu nehmen, wodurch euer soziales Bewußtsein gestärkt wird. Und sie werden als Beispiel unbefangener Liebe ein leuchtendes Licht im jetzigen Dämmerzustand der Welt sein.

Es gibt Vereine zur Förderung dieser Kinder. Holland scheint mir auf diesem Wege weit vorne zu sein.

Es gibt dort bereits mongoloide Erwachsene, die angesehene Berufe ausüben, wie den eines Rechtsanwaltes oder Arztes. Aber es müssen ja wohl nicht unbedingt Akademiker sein. Laßt also den Ehrgeiz vor der Tür und fördert nur, was gefördert werden kann.

Ärzte bieten an, das beginnende Leben eines „behinderten" Kindes noch vor der Geburt oder gleich danach durch Giftspritzen zu beenden. Das ist Euthanasie in einer Demokratie. Kann das etwa Deine Zustimmung finden?

Du sollst nicht töten!

Viele Eltern stimmen dennoch zu, weil sie glauben, der Verantwortung für ein solches Kind, dem Streß und der gesellschaftlichen Ausgrenzung nicht gewachsen zu sein.

Sie sind die bedauernswerten Opfer von Unglauben und verlorenem Vertrauen. Zuweilen spielt auch die eigene Lebensgier bei einer derart schlimmen Entscheidung eine Rolle. Ein solches Kind großzuziehen ist Dienst an der Menschheit, glaube mir, denn diese Eltern sind in der Lage, die Rückbesinnung auf menschliche Werte zu lehren. Die Behauptung, Kinder mit Down-Syndrom würden später nur der Gesellschaft zur Last fallen, ist eine Lüge. Meine tapferen Streiter bleiben nicht ohne Lohn, seid gewiß. Es ist göttliche Liebe, von der sie überflutet werden und die sie freigiebig verteilen. Wenn die Eltern alt werden und das großgewordene Kind in fremde Obhut gegeben werden müßte, haben sie ihm dennoch ein Stück des Weges geebnet. Der Schutz, den elterliche Liebe und Geduld gewährt haben, zerbricht auch später nicht. - Wer zu mir nach Hilfe ruft, wird sie erhalten, wenn sie auch zuweilen in einer Gestalt daherkommt, die ihr nicht erwartet und darum nicht sogleich erkennt.

Es gibt auch viele Fälle, da entgegen ärztlicher Prognostik ein gesundes Kind zur Welt gekommen ist.

Ich sagte gerade: Wer um Hilfe bittet, dem wird sie gegeben. Wo viele Angehörige für das zu erwartende Kind beten, geschieht zuweilen auch das, was ihr anschließend als „Wunder“ bezeichnet.

Vermehrt leiden heute Kinder und junge Erwachsene unter Legasthenie.

Das hat seine Ursache in der Reizüberflutung durch die Medien. Kinder bis etwa zum zehnten Lebensjahr sollten kaum fernsehen. Das gesprochene Wort und das dazugehörige flimmernde Bild ersetzen nicht das Phantasiegemälde, das eine gelesene Geschichte entstehen läßt.

Das heißt, wir kastrieren die Phantasie unserer Kinder, wenn das Fernsehen den Babysitter spielt.

Ein grobes Wort, aber ein wahres. Die Seelen veröden vor dem Gerät, der Kontakt zum Gegenüber geht verloren, am Ende kennt man sich selbst nicht mehr, weil die Reizüberflutung auch das individuelle Wissen fortspült. Abgesehen von der schädigenden Strahlung ist der Bildschirm der große Töter zwischenmenschlicher Begegnung.

Wir müssen als schädigend wohl auch den Walkman betrachten.

Kinder, Jugendliche, auch Erwachsene geraten durch Mißbrauch des Medienangebotes in einen Zustand, der dem eines autistischen Menschen ähnelt. Es schmerzt, wenn ich sehe, wie Menschen in eine Welt maschineller Töne und vorgetäuschten Lebens flüchten, statt in liebende Umarmungen.

Was können Erwachsene tun, um Kinder vom erwähnten Mißbrauch abzuhalten?

Lest ihnen vor, spielt mit ihnen, bastelt zusammen, geht in die Wälder und lehrt sie zu schweigen und zu lauschen. Streift über Wiesen und erklärt ihnen, was dort gedeiht, laßt sie staunen, wie vielfältig meine Apotheke ist. Kinder sind neugierig, wenn nicht, bringt ihnen bei, es zu werden.

Die zunehmende Gewalttätigkeit der Kinder und Jugendlichen - kommt die von den widerlichen Videos oder Schreckensbildern in Filmen, die manchmal auch bei Comics zu sehen sind?

Ja. Darum prüft, was sie anschauen, verbündet euch mit anderen Eltern und laßt euch nie beschwichtigen oder abwimmeln. Die Regierung ist zu feige, um das künstliche Gewaltszenario per Gesetz zu verbieten. Als Ausrede dient: zu wenig Überwachungsmöglichkeit und Druck durch die Film-Mafia. Doch ihr seid verantwortlich für das seelische und körperliche Gedeihen eurer Kinder. Laßt euch nicht schrecken, und tretet eurem Kanzler beherzt zu nahe. Auch er hat Pflichten - einem ganzen Volk gegenüber. Macht ihm deutlich: Eine verlorene Wahl ist kein Drama, eine verlorenen Ehre aus Ängstlichkeit oder Pflichtvergessenheit schon.

Ich wollte, es würde einen Knall geben, und alles wäre so, wie Du es ursprünglich gedacht hast.

Wenn ihr nicht achtgebt, wird es knallen. Danach entspricht nichts mehr euren Wünschen und Träumen - für lange Zeit.

Drohst Du uns jetzt?

Ich bin nicht der Alte Gott. Ich bin die Große Mutter. Weil ich euch liebe, stelle ich euch warnend vor, was für Konsequenzen euer Tun haben kann.

Mir ist beklommen bei dem Gedanken, was möglicherweise geschieht.

Fürchte dich dennoch nicht. Meine Güte ist unendlich - wie ich.

So sei es.

So wird es sein.

10

Es gibt esoterische Schriften, in denen magisches Wissen zum Ausüben von Zauberei angeboten wird. Wie können spirituelle Menschen sich darauf einlassen?

Zunächst einmal: Unterscheide zwischen Esoterik und Spirituellem. Esoterik heißt „geheimes Wissen", wobei die Quelle dieses Wissens für euch nicht immer offenkundig ist. Spiritualität beinhaltet Verbundenheit mit dem Kosmos, aus dessen Fülle ein reiner Mensch direkt aus der Quelle, dem Urgrund, oder durch Vermittlung der Boten empfangen darf. Betrachte solche Medien oder Empfänger immer als gesegnet, sieh das strahlende Licht, das in ihnen wohnt und von ihnen ausgeht.

Sie sind also in gesegneten Augenblicken Kanal für Deine Wahrheit.
Können sich nicht Stimmen einschleichen, deren geflüsterte Botschaften der Schlüssel zu Türen sind, die in die Verwirrung führen?

Das kann geschehen. Wenn ein „Kanal" der Eitelkeit anheimfällt, weil er sich in seiner Position als etwas Besonderes betrachtet, wenn er die hohen Tugenden allumfassender Liebe und Demut nur ungenügend verwirklicht, wenn sein Handeln im Alltag oft von Eigennutz geprägt ist, dann besteht die Gefahr, daß der Kanal verschmutzt und das Licht nicht mehr ungefiltert durchdringen kann.

Sollen diese Menschen vorher fasten, rituelle Waschungen vollziehen, sich der Sexualität enthalten?

Die missionarischen Asketen mit ihrer strengen Zucht gegen den menschlichen Körper, der doch mein heiligster Tempel ist, diese armen, vertrockneten Früchte meines Leibes finden mein Mitgefühl, aber nicht mein Wohlgefallen. Alles, was ich, die Große Mutter, zu bieten habe an Nahrung, Genuß und Freuden, darf euch dienen, damit ihr etwas von meiner Fülle und meinem göttlichen Glanz spürt, bevor ihr euch einst mit diesem Glanz vereint. - Eßt, was euch mundet, mit Maßen und in Dankbarkeit, daß ich euch unermüdlich Nahrung reiche. Genießt alles mit Bedacht. Genießt ebenso eure Sexualität, wenn sie mit Hingabe und Liebe gepaart ist, und entwürdigt das Zusammensein mit einem Partner nicht als chemische Reaktion. Eure Sehnsucht nach Anerkennung und Erfüllung durch das Gegenüber wird sowieso erst gestillt werden, wenn sich Mann und Frau als Mitschöpfer der Gottheit betrachten. Mit Erfüllung meine ich, die Einheit wiederherzustellen, als die Mann und Frau gedacht sind.

Es wird viel Zeit brauchen, bis wir Menschen das gelernt haben.

Ihr müßt es nicht lernen, ich müßt euch nur erinnern. Aus dem eingeborenen Wissen der Ahnen zitiere ich dir:

> Heiler aus T A O dem Einen zweiget die Welt:
> A und O - Mann und Weib - ihrer Ehe enttauchen alle Geschöpfe, dem Ureinen entsprungen springen Alle einher. Allso dreht sich und dreit sich im Hochzeitstanz die ursprüngliche Welt, quillet lebendig und sprießet das ewige Dritte, das Kind aus dem Bunde, hüpfet voll ahnenden Hoffens hinein in das offene All - aus T A O hüpfet es, aus heiliger Gelassenheit. So auch der Edle, aus Urgrund geboren, ruhet und tut er gelassen, starrt nicht in Todesfurcht, stört nicht durch Tatensucht. Willig läßt er die Rede geh'n, wohlig die Tat geschehen. Solche Weise hier und dort zu beleben, das wär vor allem der Wert seiner werdenden Worte.

Göttin, ich höre die Weisheitslehre- und nur ein Ahnen steigt auf.

Das macht nichts. Heilige und wahre Worte sind nicht nur Offenbarung, sondern manchmal zuerst nur ein Samenkorn. Es kann viele Leben dauern, bis die Kraft des Geistes so weit gediehen ist, es zu sprengen, damit der Keimling sich zeigen kann.

Spiritualität, Mutter, ist das Lauschen in den Kosmos, meint empfangen der Wahrheit -

Ihr seid noch nicht in der Lage, die göttliche Wahrheit ganz zu begreifen. Die Gottheit gleicht dem, der Kanal ist, nach seinem jeweiligen Stand des Wissens und der Erfahrung, die er in vielen Inkarnationen gewonnen hat, die vermittelte Wahrheit an. Verstehst du, es kann nichts gelehrt werden, was dem Verstand unbekannt ist. Wenn ich mit einem jungen Kind über die Evolution spreche, muß das in Worten geschehen, die es versteht, oder es müssen Metaphern verwendet werden, deren Bedeutung sich dem kindlichen Geist öffnet. Da diese „Auslese" getroffen werden muß, kann nicht d i e Wahrheit vermittelt werden. Ihr Sinn bliebe dunkel, viele Worte würden ungehört verhallen, weil sie, mangels Erfahrung, nicht vom Verstand in Wissen umgesetzt werden können.
– Meine Kinder sind noch immer Kinder, sehnsüchtige zwar, aber auch - widerborstige Kinder.

Versuchst Du mir gerade klarzumachen, daß alle vermittelten Botschaften unter Vorbehalt aufzunehmen sind?

Es wird in j e d e Botschaft die menschliche Persönlichkeit des Übermittlers einfließen.

Wie kann denn dann die Wahrheit von Lug und Trug unterschieden werden?

Prüfe nicht so sehr die Botschaft, sondern prüfe dein Herz. Wenn es hinter den Worten das reine Wissen vernimmt, wird es jubeln. Die Stimme der Gottheit hat eine eigene, klingende Energie. Du wirst sie vernehmen, und das Gehörte oder Gelesene wird dich glücklich machen.

Schon manchmal in meinem Leben sind Menschen in mich gedrungen und wollten wissen, warum ich gerade jetzt, entgegen aller Logik oder dem Anschein nach wider besseres Wissen, handle. Eine Begründung fehlte mir, meine Worte waren lächerliche Hampelmänner. Und dennoch konnte mich offene oder verborgene Kritik, jeder Zweifel an meinem Verstand nicht beirren. Tief in mir war das Wissen, so und nicht anders handeln zu sollen.

Du hast in solchen Fällen dich deinem göttlichen Erbe, deiner Intuition, anvertraut und dein Tun an der Stimme der Weisheit orientiert.

Ich kam mir immer so blöd vor, wenn ich auf Anwürfe oder Drängelei - „warum, warum" - nicht antworten konnte.

Jeder Mensch ist weise, auch der, den ihr „blöde" nennt. Seine Weisheit schlummert nur in diesem

Leben. Das gilt besonders für jene, die ihr Narren oder geistig behindert nennt. Außerdem ist es lieblos, jemanden zu einer Aussage zwingen zu wollen, die er nicht machen kann oder möchte. Schweigt und dreht euch weg, falls ihr euch über eure Intoleranz ärgert. Dem Fragenden geht es im Endeffekt häufig nur um Rechthaberei.

Du hast mir erläutert, was Spiritualität ist. Jetzt frage ich Dich noch einmal nach Esoterik, dem geheimen Wissen, das so oft mit Magie gleichgesetzt wird.

Magie – Zauberkraft. In der Magie sind die Gesetze des Kosmos verborgen. Sie in Anwendung zu bringen, sollte spirituellen Meisterinnen und Meistern vorbehalten bleiben. Atlantis ging unter, weil Einwanderer aus fernen Welten durch magische Anwendung kosmischer Gesetze die „Inseln", die das Reich der Muttergöttin und der Priesterkönige waren, erobern wollten. Die ungeheuere Macht, die in der Handhabung kosmischer Gesetze dem magisch Wirkenden zur Verfügung steht, verführt den schwachen Menschen zum Mißbrauch. Die Verführbaren sind immer jene, die den Begriff von ihrem eigenen Wert verloren haben. Der Tyrann kann nur tyrannisieren, weil er schwach ist und Angst hat. Würden sich ihm noch Ängstlichere und Schwächere nicht unterwerfen, wäre ein Mächtiger kein Mächtiger, sondern bliebe ein „gewöhnlicher Sterblicher“, wie ihr so sagt.

War Adolf Hitler so ein zum Mächtigen aufgeblasener Mensch ohne eigenes Selbstwertgefühl?

Er war einst ein keltischer Priester, der schon in einer vergangenen Inkarnation sein Ego über Gebühr aufblähte, um meine Priesterinnen an Bedeutung zu übertreffen. Diese Schwachheit hat er in sein Leben im dritten Reich mitgebracht.

Neid, Eifersucht waren auch im schlechten Spiel des Lebens.

Ja, und Irrsinn.

Irrsinn?

Du hast richtig gehört. Besonders gram war er in einer seiner früheren Inkarnationen den Orakelpriesterinnen, meinen Seherinnen und den Sehern. Die Gabe des Gesichtes war zwar auch bei ihm angelegt, aber seine Ungeduld und sein Größenwahn ließen sie nicht zur Entfaltung kommen.

Das hat ihn verrückt gemacht?

Nein, das nicht. Du hast eine Erinnerung an deine Inkarnationen als Priesterin in Atlantis und Avalon. So weißt du, dass ihr zunächst purgative Drogen einnehmen mußtet, um euch zu reinigen und Schlechtes, das in jedem Menschen mehr oder weniger auch vorhanden ist, „auszuscheiden". Mit dieser Reinigung waren Meditationen und begrenztes Fasten verbunden. Sobald die Zeit gekommen war, euch für meine Stimme zu öffnen, habt ihr einen Trank zu euch genommen, der eure Sinne schärfte und euren Geist zu mir entrückt hat. - Der keltische Priester, über den wir gerade sprechen, hat von diesem Gebräu eine große Menge in starker Dosierung zu sich genommen. So entwich sein Geist in die Anderswelt, fiel koboldartigen Naturgeistern und den noch herumirrenden Seelen Verstorbener zum Opfer und fand seither nicht mehr ganz und gar zurück.

Du gibst hier eine eindringliche Warnung vor magischen Praktiken und ermahnst zu Behutsamkeit in der Anwendung sakraler Riten.

Ihr seid göttlich, und darum ist es euch nicht verwehrt, euch durch rituelle, auch magische Handlungen die kosmischen Gesetze zu erschließen und zunutze zu machen. Doch seid wahrhaftig und fragt: "Wozu"? Möchtet ihr etwas für euch persönlich bewirken, mit den Steinchen aus dem Mosaik des göttlichen Planes spielen, das, was ihr „Schicksal" nennt, zu euren Gunsten zurechtbiegen? Das mag euch sogar hin und wieder für den Augenblick gelingen, aber eurem Karma entgeht ihr dadurch nicht. Es wird nichts getilgt werden, das Lernprogramm wird höchstens aufgeschoben. - Möchtet ihr etwas Positives bewirken für andere, für eine Sache, einen Staat, den glücklichen Ausgang eines Unternehmens? Dann arbeitet weißmagisch. Das bedeutet: Gebt alles in das Licht der Liebe, die aus dem Urgrund strömt, bittet um Gnade und Wandlung, umarmt im Geiste den vermeintlich Bedürftigen oder gar Übeltäter, legt die „böse Angelegenheit" in meine Hände. Bittet mich, daß meine Liebe walten möge.

Meinst Du im Sinne des Vaterunsers?

Ich denke an das „Unsere Mutter".

Wie bitte?

Zu Beginn unserer Gespräche habe ich es kurz erwähnt. Isa, der Sohn, hat das „Große Gebet" an mich, die Mutter gerichtet. Ich werde es dich morgen lehren.

Oh! - Aber vorher erkläre mir bitte noch: Wenn wir magisch arbeiten dürfen und dann doch alles Dir überlassen sollen - wozu erst die Mühe?

Nur wenn ihr bittet, kann ich euch beschenken. Auch das ist ein kosmisches Gesetz. Betet und bittet ihr mit hingebungsvollem, all-liebendem Herzen, verstärkt ihr die Liebesenergien, die zwischen mir und euch weben. Bis wir in Wahrheit wieder Eins sind, ist eine Begegnung erforderlich, die eingeleitet wird, indem eure Energien zu mir gelangen, Liebesenergien wohlgemerkt. Ich beantworte eure Liebe und euer Vertrauen, indem ich euch meine immerwährende Liebe zufließen lasse. - Zum Schluß heute verrate ich dir noch ein Geheimnis: Das Mutterunser ist die höchste weiß magische Anrufung, die euch zur Verfügung steht.

Und Räucherwerk, Steine, Kerzen - ist derlei zur Verstärkung auch wichtig?

Morgen, Priesterin, morgen! Ruhe jetzt in meinem Frieden!

Danke für Deinen Segen und Deinen Schutz, der immer gegenwärtig ist.

*

Göttin, Dein müdes Winterlicht fließt heute vom vollen Mond auf die winterschlafende Erde. Sei gegrüßt, Große Mutter.

Danke dir, Tochter. Aber wisse, der Glanz, der sich vom gerundeten Mond auf euren Planeten ergießt, ist niemals „müde". Wohl kann der Schein matt auf euch wirken, weil das Ausatmen der Erde feine Dunstschleier am Firmament wehen läßt. Der Mond dient als Amphore meines Lichtes, durch das ich in mütterlicher Fürsorge die Kräfte der Erde und der Sonne im Gleichgewicht halte. So ehret immer die Mondin, die das Feuer des männlichen Gottes beschwichtigt.

Hexen und Schamanen nutzen die Mondenergien während ihrer Rituale.

Deute den Begriff „Hexe" in altehrwürdigem Sinn. Mit Hochachtung nannten die Alten jene weisen und kräuterkundigen Frauen Hexen, die leichten Schrittes von dieser Realität in die Anderswelt hinüberwechseln konnten. Die Devas, Natur-wesen, die Hüter der Steine, Nixen, Elfen, Feen, Gnome und Zwerge dienten jenen „Zaunreiterin-nen", die in feierlicher Anrufung für ihre segensreiche Tätigkeit immer zuerst um meinen Schutz und meine Zustimmung baten.

Dann waren sie auch Deine Priesterinnen?

Priesterinnen, die mit meiner Gnade der Heilkraft besonders ausgestattet waren. Sie heilten a l l e s, was verletzt war, und versöhnten auch immer wieder meine gekränkte Mutterliebe mit meinen ungebärdigen Geschöpfen. Als die Patriarchen zu ihren Knüppeln griffen, verleumdeten die Menschen diese meine heiligen Töchter, verfemten und verfolgten sie und straften ihre Hingabe an mich schließlich mit dem Tod des Leibes. Doch das innewohnende Göttliche war jenen Frauen sehr bewußt, es ließ sich nicht zum Tode verurteilen. Im Heilkessel meines Mutterschoßes genasen die „Hexen". Als meine priesterliche Garde werden sie bald meine siegreiche Heimkehr in die Welt, in die Herzen der Menschen begleiten.

Waren sie Schamaninnen?

Das ist ein Begriff, mit dem du sie ebenfalls bezeichnen darfst. In allen alten Kulturen dieses Planeten waren Schamaninnen und Schamanen Mittler zwischen den Kräften des Himmels und der Erde - wie du nach unserem bisherigen Gespräch wissen solltest -, verbanden sie mit Hilfe ihrer individuellen Fähigkeiten und Mächten, die ihnen geschenkt worden waren. Weibliche und männliche Energien, wie sie im Kosmos weben, verknüpften sie zu einer starken Heilkraft, um dem Guten wieder zu seinem angestammten Platz zu verhelfen.

Manche haben ihre Macht mißbraucht und ein schwarzes Licht entzündet, das Dämmerung oder Finsternis herbeilockte.

Ich werde immer auch Kinder haben, die mir listig zu entgleiten trachten. Sie hoffen, sich auf diese Weise vor meinem allsehenden Auge zu verbergen oder im Geheimen mehr zu bewirken, als die Gottheit vermag.

Pfeifst Du sie nicht zurück?

Provozierst du gerade ein bißchen, indem du eine pfeifende Göttin vorstellst? – Meinetwegen! - Ich könnte sie natürlich zurückrufen, aber es würde den trotzigen Widerstand nicht brechen. Verstehe: Diese irrenden Kinder möchten Gottheit spielen, ehe sie erwachsen sind. Ich lasse sie, da es ihr Wille ist, in der selbst heraufbeschworenen Dunkelheit herumtoben. Die Energien, die sie entfesseln, malträtieren meine Kinder der Finsternis. Sie beginnen sich zu fürchten, geraten in Panik, erleiden Schmerzen und Qualen seelischer und körperlicher Art. Am Ende schreien sie nach der Mutter - was allerdings einige Leben dauern kann. Aber ich bin in der Lage, geduldig zu warten.

Du wartest tatsächlich vielleicht Jahrtausende ab?

Manchmal helfen meine Engel nach und verkürzen die Zeit der Not für die Gestrauchelten, indem sie energisch eingreifen. Unglücklich und ängstlich zu sein ist die hellste Laterne, um den Heimweg zu mir auszuleuchten. Es geschieht oft auf diese Weise, seit das erste Menschenpaar das Bewußtsein für seine eingeborene Göttlichkeit verloren hat.

Dann scheuchen also - die Schutzengel nehme ich an? - mit Deinem Einverständnis, das ist klar - die schwarzen Schafe wieder in Deinen Stall. Was tust Du mit den Heimkehrern? Gibst Du ihnen etwa eine weiche Streu und reichlich Futter?

Natürlich. Ich freue mich mit ihnen, daß die Pein beendet ist. Schüttle jetzt nicht den Kopf. Nenne mir jemand, der vergleichsweise so freimütig und leicht vergibt wie eine Mutter.

Mir fällt niemand ein. Ich bin trotzdem erstaunt, daß Du sie nicht bei den Ohren nimmst, ehe Du Deine Arme öffnest und sie an den Herz ziehst.

Sie haben bereits viel gelitten, sind erschöpft und beschämt. Habt ihr Menschen nicht dieses hehre Gesetz, einen Gestürzten nicht noch zusätzlich zu treten?

Doch, das haben wir, es wird aber meist vergessen, beziehungsweise nicht geachtet.

Ein Jammer für die Vergeßlichen, denn sie müssen nun im Rahmen der ausgleichenden Gerechtigkeit irgendwann am eigenen Leibe erfahren, wie die Herabwürdigung eines Hilflosen sich anfühlt.

Ist das etwa eine Art himmlische Rache, Mutter?

Nein, es erfüllt sich das karmische Gesetz. Den Gesetzen des Kosmos, den von der Gottheit geschaffenen Gesetzen, muß auch ich mich fügen, sonst hätte ich sie nicht einsetzen dürfen.

Du hast damit göttlicher Willkür einen Riegel vorgeschoben?

Der Willkür des männlichen Gottes. Übertritt er diese Gesetze, kann ich ohne weiteres meine Ordnung wieder herstellen, denn es obliegt mir auch, gebrochene Gesetze zu heilen.

Die Menschen flehen in Kümmernissen um Dein Erbarmen. Diese Kümmernisse haben jedoch eine karmische Ursache - ausgleichende Gerechtigkeit, wie Du vorhin erwähntest. Kannst Du Karma verändern, oder bleibst Du aufgrund Deines eigenen Gesetzes machtlos?

Die Liebe ist die stärkste Macht im Kosmos - stärker als jedes Gesetz. Sie ist der Schwamm, der die Dunkelheit fortwischt und ein neues Licht erstrahlen läßt.

Also, wenn genügend Liebe in Dir zu Deinem mißratenen Kind ist, kannst Du das Karma aufheben?

Ich habe keine mißratenen Kinder. Alle sind strahlend und schön. Nur die Irrenden verbergen das Licht ihrer Göttlichkeit hinter einem schwarzen Schleier. Solchen Schleier kann ich mit leichter Hand entfernen.

Wenn Deine Liebe überströmt.

Nein, wenn mein armes Kind sich auf mich besinnt und s e i n e Liebe zu mir überströmt

„Bittet und euch wird gegeben", heißt es.

Immer, in reichem Maße, sei sicher. Auch das ist ein göttliches Gesetz.

So leben wir eigentlich immer in der Fülle, doch wenn wir sie nicht annehmen, ertrinken wir in Mangelbewußtsein.

Du kannst dir nicht vorstellen, wie sehr dieser euer Irrtum die Gottheit bekümmert.

Mutter, ich möchte noch einmal ein vorhergehendes Thema aufgreifen und Dir Fragen zu Hexenzirkeln und Schamanismus stellen.

Bitte.

Die modernen Hexenzirkel, - mir dreht sich der Magen um, wenn ich auf Buchumschlägen oder im Internet Bilder von diesen Frauen sehe und die teilweise reißerischen Ankündigungen lese. Die „Damen" haben viel Geklimper um den Hals, oft krallenartige Fingernägel, lange Zottelsträhnen, und auf Zeichnungen sieht man diese Hexen der Neuzeit selten ohne spitzen Hut, schwarze Katzen oder sogar einen Besen.

Meine hochwürdigen Priesterinnen, die mit den Seelenkräften aller Dinge der Schöpfung zusammenarbeiteten, nutzten selbstverständlich zusätzlich Energien von Metallen, Steinen, Gehölzen und Pflanzen. Sie fertigten daraus Amulette, die einmal die ursprüngliche, persönliche Energie verstärkten, zum anderen die Kräfte der Himmelskörper aufnahmen und zum Zwecke der Heilung an die amtierende Priesterin weiterreichten. Diese Priesterinnen entleerten Körper und Geist vor den rituellen Handlungen mittels bestimmter Drogen, um feinstoffliche Informatio-nen aufzufangen und durchzulassen. Die Frauen bildeten gleichsam einen Fokus, der kosmische Kräfte bündelte, verstärkte und wie ein Laser-strahl heilend auf Krankes richtete. Auch Wissen nahmen diese „Zaunreiterinnen - Hagazussa - Hexen" aus der Natur, somit von mir auf, das sie ebenfalls weitergaben. Sie sprachen weise und entfalteten in solchen Weihestunden die hohe Gabe der Prophetie. Heute annoncieren „Wahrsagerin-nen" ihre Dienste. Sie sind eine kümmerliche Karikatur gegen meine „Hexen".

Etwa alle?

Nicht alle. Es gibt einige, die sich im Bedürfnis zu helfen und zu raten mit ihrem Höheren Selbst verbinden, wodurch sie Anschluß an die göttliche Weisheit finden. Wenn solche Arbeit mit Geld entlohnt wird, weil es den Kranken und Leidenden ein Bedürfnis ist, etwas „zurückzugeben", darf dieser Lohn jedoch niemals verlangt werden. Außerdem ist es richtig, wenn der, der den Rat erhalten hat, dem Kosmos ein sehr persönliches Geschenk dafür macht. Und ein Dankgebet ist der Lohn für die Gottheit - und sollte es auch für meine Heilpriesterinnen sein.

Was zum Beispiel wäre eine sehr persönliche Gabe?

Wie wäre es, mit einem Bettler zu Mittag zu essen? - Jetzt schluckst du!

Wäre ihm das nicht peinlich?

Wohl eher dem Gastgeber. Oder würdest du nicht besorgt sein, daß dich jemand mit dem armen Mann an deiner Seite sieht? - Es gibt noch andere Möglichkeiten. Gehe zum Beispiel in ein Krankenhaus, besuche ein vergessenes Kind. Ungezählte von ihnen liegen auf den Stationen, weil sich törichte Eltern schämen. In ihren Augen ist es offensichtlich, daß sie für schwere Sünden, entweder die eigenen oder die ihrer Ahnen, durch ein krankes Familienmitglied gestraft werden.

Gibt es tatsächlich soviel Dummheit; Mutter?

Die Unerwachten, in Dumpfheit Vegetierenden, sie können das klare Licht göttlicher Liebe nicht erkennen.

Wird so ein verleugnetes, verlassenes Kind besucht, ist es nur für eine Stunde glücklich.

Du ahnst nicht, wieviel Wert eine Stunde Glück hat. Ich flüstere dir jetzt etwas zu: Was hindert den Menschen, seine Besuche fortzusetzen?

Nichts, außer –

Mangel an Zeit? Wer über Zeitmangel klagt, teilt sich seine Zeit nicht richtig ein. Ihr alle seid unterschiedlich begütert, seid häßlich - meint ihr - oder schön, genial oder durchschnittlich. Aber von etwas habt ihr alle dasselbe Maß erhalten, als ihr die Erde betreten habt: Vierundzwanzig Stunden Zeit, die Spanne eines Tages und einer Nacht. Wer meint, keine Zeit zu haben, der prüfe, wo er sie vergeudet. Sitzt ihr zu lange bei Tisch? Tratscht ihr öfter nutzloses Zeug mit anderen? Spielt ihr herum, statt zu arbeiten? Findet ihr den Knopf nicht, um Fernseher oder Radio auszuschalten? Liegt ihr stundenlang in der Badewanne und verschwendet dabei obendrein noch heißes Wasser? Oder könnt ihr euch auf der Toilette nicht von einer Zeitschrift trennen und sitzt, wo es nichts mehr zu sitzen gibt? - Soll ich fortfahren?

Nein, Mutter, nicht nötig. Danke. - Aber kannst Du bitte noch tröstend bestätigen, daß wir nicht nur zum Herumwuseln auf Deiner schönen Erde leben?

Du weißt sehr gut: Lachen, Freude, Entspannung, Erholung und dankbares Genießen sind Geschenke der Gottheit, die euch einmal mehr mit ihr vereinen. Das richtige Maß, Priesterin, ist der Schlüssel zur Seligkeit.

Ich möchte Dich noch zum Schamanismus befragen.

Schamanen sind die Magier der Urzeit. Ihre Seelen träumten, und sie hatten leichten Zugang zu den Geheimnissen der Schöpferin und deren Schöpfung. Sie erwachten viel später als die ersten Menschen, die ihr Begehr nach dem Verstandeswissen aus ihrer Einheit mit der Gottheit riß. In Trance reisten meine träumenden Kinder oft zu mir, und ich redete mit ihnen in der Sprache der Seele - nämlich über Bilder und Symbole. Häufig vereinten sie ihre Magie mit den Energien der Zaunreiterinnen, und Heil geschah Menschen und Tieren. Es gibt noch immer Schamanen unter euch. Sie kommen oft in Schlichtheit, aber achtet auf die Worte der Weisheit, die ihrem Munde entströmen, entdeckt in ihren Augen die Weite der Ebenen und das unvergängliche Licht der Ewigkeit. Sie können rückwärts und vorwärts schauen, das Unbegrenzte ist erreichbar für sie. Mit knappen Gesten zeichnen sie Symbole der Kraft, die eure Energien anheben. Sie sind verehrungswürdig, denn sie träumen noch immer mit den Ureltern. Einer Furcht vor ihnen solltet ihr keinen Platz einräumen.

Schamanen und Schamaninnen tragen zuweilen ein Federkleid, oder sie unterstützen ihre Rituale mit Federn. Warum?

Hast du schon einmal eine Feder genau betrachtet? In ihrer Mitte siehst du den stabilen Kiel. Stell dir vor, wie sich in der Spitze die alles reinigende und wandelnde Feuerkraft sammelt. Am unteren Ende saugt die Feder die Fülle der Erde. Beide Kräfte steigen im Kiel auf und nieder.

Ich denke jetzt an unsere Wirbelsäule, in der die Kundalini aufsteigen kann.

Der Vergleich hinkt nicht. Eine Feder hat jedoch auch die feinen Härchen. Sie sind wie Richtungsantennen, die außerdem kosmische Weisheit aufnehmen und abgeben. Mit Federn verbinden Schamanen Energien, verwirbeln und verstärken sie und leiten die Kräfte dorthin, wo sie benötigt werden.

Kann jede Feder den gewünschten Dienst versehen?

Im Grunde schon. Die heiligste Feder schenkt der Adler. Er verbindet am wirkungsvollsten die Energien der vier Elemente miteinander. Seine gewaltigen Schwingen ermöglichen ihm einen Aufstieg bis in den klaren Äther, in das fünfte Element. Der Adler ist ein König unter den Vögeln, ausersehen, ein Verwalter hoher Spiritualität zu sein.

Nun wachsen Adlerfedern leider nicht auf Gartenbeeten.

Der Adler schenkt eine Feder dem Menschen, der solcher Ehre würdig ist. - Vor ein paar Wochen ließ ich dir eine Taubenfeder zu Füßen sinken, erinnerst du dich? Du hast einen Augenblick deinen Schritt verhalten, doch du hast dich entschlossen sie liegenzulassen.

Nun ja, ich dachte an die Krankheiten, die von Tauben und ihrem Dreck übertragen werden können. Es war, zugegeben, eine besonders hübsche Feder, und es hat mich kurz darauf gereut, sie nicht aufgehoben zu haben.

Ich schenke dir eine andere Feder, sei nur aufmerksam. Wenn du mit heiligen Kräutern räucherst, kannst du damit das Rauchwerk am Glimmen halten.

Wahrscheinlich ist es besser, wenn ich beim ersten Einsatz der Feder etwas Desinfizierendes nehme. Thymian oder Salbei, Weihrauch oder Beifuß zum Beispiel.

In erster Linie laß deine törichte Sorge vor Ansteckung fahren! Die Taube ist im christlichen Raum Symbol des heiligen Geistes. Die Kirchenväter haben auch hier das Bild entstellt. Die Taube war ursprünglich das Sinnbild der Großen Mutter, das Zeichen ihrer Liebe und ihres Friedens.

Als Jesus von Johannes getauft wurde, senkte sich eine Taube auf ihn herab!

Sie war nicht sichtbar, aber Johannes und Isa waren sich dieser Energie gewiß. Es war mein Segen und mein Dank, der sich über Isa ergoß, denn dies war der Augenblick, da er begann, im Bewußtsein seiner Göttlichkeit den Weg zu beschreiten, den ich, seine Mutter, ihn gebeten hatte zu gehen. Er wurde zum Sämann, der den Glauben an die Göttin mit dem Glauben an einen liebenden Vater zu vermählen suchte. Nach über zweitausend Jahren geht das Korn jetzt auf. Die Tränen meiner Völker werden den Keim netzen, und die Sonne sehnsüchtiger Liebe wird die Frucht reifen lassen.

So ähnlich hast Du es mir schon einmal gesagt.

Ich werde es noch einige Male wiederholen, bis Hoffnung und Vertrauen guten Humus für eine reiche Ernte geben.

Mutter, bitte sprich weiter von Isa. Mein Herz wird weit und warm, wenn ich nur seinen Namen höre.

Isa wird eines Tages selbst zu dir sprechen, zu einer Zeit, da mein Gespräch mit dir ruht. Laß dir von ihm von seinem Leben und von seiner Botschaft berichten.

Mutter, Du sagtest eben: "Wenn unser Gespräch ruht." Wenn diese Aufzeichnungen beendet sind, wirst Du dennoch weiter mit mir sprechen?

Unsere Gespräche werden niemals ein Ende nehmen. Wenn ich dich bitte, diese Aufzeichnungen abzuschließen, heißt das nicht, daß wir unsere Zwiesprache beenden werden.

Dank sei Dir, Göttin! Ich fürchtete mich schon vor der Leere in meinem Herzen, die Dein Schweigen verursachen würde.

Du albernes Kind! Seit wann verstummt eine Mutter für alle Zeit, versinkt in tödliches Schweigen? Ich lebe, und ich habe eine Stimme, die du vernehmen wirst, wann immer du möchtest.

Was für eine Befreiung bedeutet Dein Wort für mich - und damit für viele Menschen.

Dann sei so frei und gehe jetzt schlafen. Ein neuer Tag beginnt in drei Stunden.

Gelobt seist Du, Mutter.

Gesegnet bist du, Kind.

*

Gibt es noch immer Gruppen auf der Erde, deren Menschen noch ihrem ersten Dasein entsprechen? Wenn ich jetzt sage, die noch unzivilisiert sind, schäme ich mich, aber etwas in der Richtung meine ich schon.

Ja, die gibt es. Denke an die Aborigines. Das sogenannte „Outback“ ist noch nicht ganz erforscht, auch wenn eure Kartographen sich das einbilden wollen. Es leben dort Stämme, die noch kein „zivilisierter“ Mensch gesehen hat - zum Glück für diese Eingeborenen. Sie verehren mich als die Urschlange, wandeln ihre Traumpfade und lassen sich von den geflüsterten Weisungen ihrer Ahnen leiten. Sie säen nicht, sie ernten nicht, aber ich, ihre Mutter, ernähre und beschütze sie und vergelte ihr Vertrauen, in dem ich ihr Leben so gestalte, daß sie immer meine Mütterlichkeit erkennen.

Es ist wohl doch meist ein sehr karges Leben?

Was ist karg? Ohne Hunger, aber nicht satt zu sein - ist das karg? Der satte Bürger, ist er nicht der faule Mensch, dem das Wohlbehagen des Bruders so uninteressant ist wie ein leiser Windhauch? Ist der Behäbige nicht die Fußbank für den ungetreuen Verwalter des Staates? Nur der, der gerade einmal nicht mehr hungrig ist, wird sich bemühen, das Rad am Rollen zu halten, um immer neue Schätze zu fördern. Dabei will er nicht reich werden, sondern er möchte Genüge haben.

Und der Mangel an Wasser, unter dem jene Menschen oft leiden?

Sie wissen, daß ich die Quelle bin, ein nie versiegendes Wasser. Warum sollten sie verzagen?
Sie sterben, weil sie heimkehren möchten zu den Ahnen. Sie wissen, wann der Zeitpunkt gekommen ist. Da sie nichts haben, hält sie auch nichts. Verdursten sie tatsächlich in meiner Fülle, die ihnen allezeit zugänglich ist, dann deshalb, weil sie auf dem Weg des Lichtes sind, nach Hause zu mir. Ihr Verzicht auf Wasser ist freiwillig. Merke, ich spreche jetzt von den hochspirituellen Völkern zum Beispiel in Australien. Die Menschen der modernen Welt erkennen solche Einheit mit dem Kosmos nicht. Sie würden auch kein Verständnis entwickeln, wenn sie sich eine Zeitlang den fremden Lebensumständen aussetzen würden.

Auch die Aborigines haben Schamanen.

Medizinmänner und die Weisen Alten Frauen vereinen ihre geistigen Kräfte, die noch ausgeprägter sind als bei den anderen Stammesmitgliedern, mit den Energien der Erde und des Himmels. Was hierbei im einzelnen zusammenwirkt, kannst du dir vorstellen, wenn du dich an meine Boten, Naturgeister, Elementargeister und Devas erinnerst. Um deine nächste Frage vorwegzunehmen: Es gibt noch viele „weiße" Flecken auf diesem Planeten, auch wenn durch Satelliten eine ziemlich genaue Erkundung möglich ist. Denke nur an die noch nicht gänzlich erforschten Polargebiete, die Taigas und Tundren, die undurchdringlichen Urwälder Südamerikas. Stelle dir die Bergwelt Tibets vor, mit ihren geheimnisvollen Höhlen und verborgenen Tälern. Auch die undurchdringlichen Wälder in den Weiten Rußlands sind teilweise noch unerforschte Gebiete. Glaube nicht, meine Tochter, daß dort keine Menschen leben. Würdet ihr den Angehörigen solcher Stämme begegnen, ihr würdet meinen, durch ein „schwarzes Loch" in die allererste Zeit nach der Entstehung der Erde katapultiert worden zu sein. Das Dasein jener meiner Kinder hat kein Zeitmaß und kennt keine Schuld. Ihr Handeln entspringt den alten und somit meinen unbeschadeten Gesetzen. Sie entscheiden immer aus dem Herzen und zuerst zum Wohle des Ganzen. Würdet ihr deren Tun betrachten können, euch würden sich manchmal die

Haare sträuben. Was zum Beispiel bei jenen Menschengruppen ein Hinüberführen der Schwachen und Kranken in die Anderwelt ist, geschieht aus Liebe und Sorgfalt für die Einheit und für den Einzelnen. In der sogenannten modernen Welt wäre solches Handeln sinnentkleidet und müßte als Mord verurteilt werden. Auch ich wäre gehalten, in der Welt des Materialismus meine mit Schwertern gegürteten Engel auszusenden, um der Gerechtigkeit das rechte Maß zurückzugeben. Doch meine übriggebliebenen Kinder aus der Urzeit sind schuldlos, weil sie sich dem Gesetz der Nächstenliebe unterwerfen, wie sie es begreifen.

Mutter, ist das nicht zweierlei göttliches Maß, mit dem gemessen wird?

Ihr mordet aus Haß, Neid und Habsucht und schadet dabei offenen Auges der Schwester oder dem Bruder. Wenn die Völker aus der Urzeit ein Sterben hervorrufen, tun sie das in der Verantwortung des Einzelnen gegenüber der Gruppe - oder auch umgekehrt.

Ich mag jetzt nicht glauben, daß jene Menschen voller Edelmut und ohne jeden Fehl sind.

Es wäre auch nicht gut, das zu glauben. Sie sind ja nicht im reinen Zustand des ersten

Menschenpaares nach der Erschaffung, sondern sind durchaus anfällig für Irrtümer und Versuchungen. Aber die Gebote der Natur, meine Gebote, sind fest in die Herzen aller eingeschrieben. Wer fehlt, wird von der Gemeinschaft verfemt, zuweilen auch getötet. Einen Dorn muß man aus dem Fleisch schneiden, damit kein Wundbrand entsteht und etwa der ganze Körper verrottet. Nach dieser Maxime handeln sie.

Werden diese Deine Kinder eines Tages erwachen?

Du meinst zivilisiert, domestiziert, was „zerbrochen werden" bedeutet?

Du klingst ungehalten.

Eure Vorstellung von erwachen und erwachsen ist merkwürdig. Meine „ungezähmten" Kinder sind Leben erhaltend für die Erde. Ihre Schamaninnen und Schamanen frischen durch ihre Rituale, Gesänge und Tänze die verletzten Energiekörper der Erde auf, helfen mir, bei Kräften zu bleiben, damit euer Raub an meinem Leib mich nicht ins Taumeln bringt.

Die Rituale sind meist geheim, die Gesänge sind Anrufungen an das verborgene Göttliche - und die Tänze?

Der Tanz, Priesterin, ist ein Abbild des ewigen Rhythmus, in dem meine Schöpfung atmet. Darum tanzt, meine Kinder, sprengt die eisernen Ketten der Ich-Sucht in der Freude an eurer und meiner Bewegung, denn das ist das Leben.

Es wird viel geräuchert bei den Ritualen.

Oh ja, welche Freude! Doch verbrennt nichts, dem künstliche Düfte entströmen. Die enthaltene Chemie läßt euch nur husten. Es ist auch dumm und ungeschickt, Mengen von Weihrauch als blauen Qualm durch die Kirchenbänke ziehen zu lassen, bis die Augen tränen und die Hälse trocken werden. Manche fallen gar in Ohnmacht, und ein inbrünstiges Beten wird eher erstickt. Die Ursache für solch intensives Räuchern grenzt an Aberglau-ben. Die Ohren der Gottheit sind stets weit für eure Anliegen geöffnet, blauer Dunst macht sie nicht gefügiger, eure Bitten zu erfüllen, bei denen es doch meist nur um Äußerlichkeiten geht. Der Sinn des Räucherns ist ein anderer. Im Kraut, das sich opfernd verglimmt, steigen die Mächte der Erde, befreit durch das Feuer, in die Luft. Die solcherart verfeinstofflichten Energien der Pflanze verbinden sich durch den Aufstieg mit den zeugenden Energien der Sonne. Die auf diese Weise entstandene Trägersubstanz für göttliche Kräfte reinigt, heilt und schwingt Verhaftetes frei. Gebete, Fürbitten und selbstlose Bitten erhalten durch Räuchern eine erhöhte Frequenz und können von euren Engeln leichter zum Urgrund erhoben werden. Zwei, drei Prisen Kräuter sind genug, auch einmal eine kleine Handvoll darf sein, aber werft mir nicht ganze Büsche ins Feuer!

Wie lange soll das Räucherritual andauern?

Zehn, vielleicht zwanzig Minuten, einmal am Tag. Das reicht und ist auch gut für eure eigene Leichtigkeit, die durch die Erdkräfte, je nach dem was euch geschieht, arg gebunden wird.

Göttin - liebste Mutter -

Das „Mutter unser"? Vor ein paar Tagen habe ich es erwähnt, und seither wartest du sehnsüchtig es zu hören.

Auch wenn es ungeduldig scheinen mag: Bitte, laß es mich hören.

Ich spreche es dir vor. Bewege die Worte anschließend ein paar Tage - und auch in nächtlichen Träumen - in deinem Herzen. Wenn du möchtest, darfst du mich später dazu befragen.

Mutter unser

Unsere Große Mutter,
Dein Name sei uns heilig.
Nimm uns an als Kinder Deiner Schöpfung mit all unseren Fehlern.
Laß uns in Liebe Deine Liebe erwidern.
Alles, auch wir, wollen uns Deinen segensreichen Geboten fügen.
Wir danken Dir für das Brot, das Du uns schenkst.
Aus Deinem immerwährenden, gütigen Verzeihen mögen wir lernen, uns und anderen zu vergeben.
Wenn wir in Versuchung geraten, falschem Glanz zu folgen, führe uns, o Große Mutter, bis wir von Verwirrungen befreit sind.
Denn Dein ist alle Kraft und Herrlichkeit von Anbeginn und ohne Ende.
Wir danken Dir, daß Du auch uns geschaffen hast.
Lob auf ewig sei Dir, Göttin.

Es ist Isas großes Gebet, nicht wahr, Mutter?

Es ist Isas großes Gebet.

Hat das Vaterunser keine Gültigkeit mehr, wenn wir Kenntnis von diesem Hochgebet haben?

Doch! Sprechen werden es weiterhin jene mit ihrem Herzen, die mich noch nicht wieder erkannt haben. Im Urgrund vereinen sich beide Lobgesänge zur ungeteilten Freude der Gottheit.

Mutter -

Schschsch! Laß alles in deinem Geiste reifen. Schweige einige Zeit, wie ich dich gebeten habe.

Ich gehorche.

Sei gesegnet, Priesterin, denn du hast dich nun auf meinen Weg gemacht. Du wirst nicht allein sein. Meine Engel führen viele herbei, die mit dir gehen werden.

Es sei so, Göttin.

Es ist so.

11

Während mein Mann und ich vor einigen Tagen frühstückten, standest Du plötzlich vor mir. Ach, Mutter, Du warst so jung und so schön. Dein weißes Kleid schimmerte, als wären Millionen von Regentropfen hineingewebt, in denen sich das Licht brach. Ein lichtblauer Schein umfloß Deine Gestalt, und über Deiner Brust schwebte ein sanftes, zärtliches Grün. Deine langen, hellbraunen Haare flossen Dir bis zu den Hüften. Du schautest mich direkt an und hast du mich durch Dein Lächeln in Dein Herz eingeladen. Nur einen kurzen Augenblick konnte ich Dich so sehen, dann trat das Bild der kahlen Linde, an deren Gezweig sich noch die braunen Blätter der Flugsamen krümmen, vor Deine Gestalt.

In der Linde, die vor eurem Haus steht, ehrst du mich das ganze Jahr. Zuweilen entdeckst du mein Gesicht in den schaukelnden Ästen.

Manchmal ist dieses Gesicht fremd, streng. Ein anderes Mal lädt es mit koboldhaftem Zwinkern zu trauter Zwiesprache mit Dir ein. Viele unterschiedliche Vögel machen es sich in der Krone des Baumes gemütlich. Zuzeiten eilen goldglänzende Bienen herbei, Deine lieblichsten und eifrigsten Dienerinnen unter den Insekten, angezogen vom betäubenden Duft der Blüten. Welken im Herbst die Blätter und segeln in sattem Gelb zur Erde, dann erfaßt mich oft Trauer. Ich fürchte, Deine Gestalt neigt sich dem Sterben entgegen.

Die Weise Alte zieht durch das Land, sammelt die letzten Blumen, überhaucht mit kaltem Atem Früchte, bis sie in reifglitzernder Schönheit funkeln und scheucht schon schlaftrunkenes Getier in seine Höhlen, damit es in Geborgenheit die langen Nächte durchsteht. Ja, ich bin Die Alte, die sich nun zurückzieht in die Tiefe der Erde. Sie ist Sinnbild der Unergründlichkeit des Geheimnisses von Werden und Vergehen. Dort hüte und umsorge ich die junge Göttin, die bald das Licht gebären wird.

Jener Tag ist nahe. In einer Woche feiern wir Alban Arthan, die Wintersonnwende. Es ist der Beginn des Winters und zugleich die Geburt des ewigen Lichtes. Für die meisten Menschen ist der Winter die Zeit des Todes in der Natur. Du lehrst, daß das neue Leben just dann geboren wird, wenn Menschen in ihre „Winterdepression" verfallen.

Kannst du, Priesterin, wenigstens jetzt erkennen, daß es den Tod gar nicht gibt? Nur eine Zeit der Ruhe, aber zugleich auch eine Zeit, da Leben langsam erneuert wird. So sollte jede Frau in Stille und Abgeschiedenheit ihre Stunde erwarten. Wie schön wäre es, würde sie dabei dem Summen der Erde und den Melodien des Himmels lauschen.

Ungezählte Wesenheiten aus der Natur und solche, die zwischen Himmel und Erde auf- und niedersteigen, sind bestrebt, jeder werdenden Mutter zu dienen und mit ihr schließlich die heilige Stunde der Geburt zu feiern.

Du als die Weise Mutter bietest Pflege und Schutz.

Könntet ihr mit euren Herzen sehen und hören, wüßtet ihr, wie wichtig für das Gedeihen des neuen Leben diese Obhut der weisen Frauen ist, die auch für die junge Mutter vonnöten ist. Die Erfahrungen vieler Leben sind bei den weisen Frauen zu einem glänzenden Edelstein zusammengepreßt, so wie aus Kohle, die einst lebendiges Grün war, am Ende ein reiner Diamant wird. Meine jungen Töchter schlagen heute den Rat der Alten in den Wind, verlassen sich auf das, was „in" ist, und lachen über die Gefahren, die ihnen und ihren kleinen Kindern an Leib und Leben drohen, weil sie sich zu oft der Hektik und zweifelhaften Genüssen hingeben. Mutter sein heißt lautloses Verzichten neben unermüdlicher Geduld. Die Schöpferkraft einer Mutter wirkt weiter, bis ihr Kind in das Erwachsenenleben schreitet. Eine Mutter erwartet keinen Dank, denn alles, was sie für ihr Kind getan hat und tut, ist mit feuriger Schrift in die wahre Natur aller Frauen eingeschrieben. Den Dank erhalten die braven Mütter von mir. Undankbare Kinder erfahren später Undank von ihren Kindern oder von einer Seite, wo sie nicht im Traum daran gedacht haben.

Du sprichst von den „braven" Müttern. Nicht alle Mütter sind „brav"?

Alle Mütter sind Menschen, dürfen sich irren und auch Fehler machen. Handeln sie immer in dem Bewußtsein, das Beste für ihr Kind zu wollen, dann sind dies meine braven Mütter, und ihnen gebührt Respekt. Wehe jenen unreifen und dummen Kindern, die ihre Mütter oder sorgenden Väter vor den verschlossenen Türen ihrer egoistischen Herzen stehen lassen.

Strafst Du sie?

Ich rühre keine Hand zu ihrem Schaden, schaue jedoch mit Ernst und Traurigkeit, wie das karmische Gesetz ins Wirken kommt. Dennoch ermahne ich alle Eltern und hier besonders die Mütter, in sich niemals die Liebe zu ihren Kindern auszurotten. Erinnert euch trotz eures Schmerzes an die kleinen Wesen, in deren Augen einst noch der Glanz des Himmels leuchtete. Hüllt diese Söhne und Töchter, die euch verleugnen, von Ferne in eure Liebe ein, das hält ihr eigenes, schwelendes Feuer wenigstens am Glimmen. In einer Zeit, die ihr nicht kennt, steigt aus jener Glut ein herrlicher Vogel auf. Das mag Trost für euch sein.

Alban Arthan, am 21. Dezember, ist der Tag der Geburt des Lichtes. Das liegt sehr nahe am christlichen Weihnachten, ist aber das ältere Fest. In diesem Jahr möchten mein Mann und ich das keltische Fest zur Mittwinterzeit feiern, wie es wohl früher war, soweit Wissen überliefert wurde. Wir hoffen, auf diese Weise den 24. Dezember ein wenig von seiner hektischen Geschäftigkeit zu befreien.

Das ist gut. Eßt nur mäßig an Alban Arthan, seid schweigsam und lauscht erhebender Musik. Sitzet am Abend eine Weile in der Dunkelheit, ehe ihr in eurer Räucherschale ein kleines Feuer entfacht, an dem ihr dann immer mehr Kerzen entzündet. Umarmt einander, habt ein Festessen mit Früchten, weißem Kuchen und ein wenig weißem Wein mit viel Wasser gemischt. – Die Ahnen aßen mir zu Ehren Schweinefleisch, sie nannten mich auch die Große Sau, weil ein Mutterschwein als Symbol für Fruchtbarkeit galt. Das müßt ihr aber nicht tun, denn ihr sollt keine Tiere töten, auch nicht aus rituellen Gründen. Ich finde daran keinen Wohlgefallen. Genießt lieber ein Glas Mittwinter Mulsa.

Das ist weißer Wein mit Kräutern für kurze Zeit angesetzt. Spürt immer wieder in der Stille die hohe Feierlichkeit dieser Stunde, da das Licht wiedergeboren ist. Die kleinen Gaben, die ihr vielleicht vorbereitet habt, überreicht einander erst am christlichen Heiligen Abend. Lauter Jubel würde das feine Klingen übertönen und Trubel verdirbt das harmonische Gewebe des Alban Arthan Festes.

Du läßt die beiden Feste nebeneinander bestehen?

Als mein Sohn Isa seine Mission erfüllte, hielt er das mosaische Gesetz und feierte sowohl die jüdischen Feste, als auch die Feste der Großen Mutter. Das wurde später aus den Berichten herausgestrichen, als die Patriarchen sich hervortaten und begannen, den männlichen Gott zu vergöttern und die Mutter zu verachten. Am Ende wurde beschlossen, mich totzuschweigen, aber der Geist der Schöpferin ist unangreifbar.

Dennoch hat man Dich zum Verschwinden gebracht.

Ich habe mich verborgen und abgewartet, bis der blindwütige männliche Haß abebbt. Die Zeit ist jetzt. Die schreckliche Niederlage meiner Priesterinnen ist beendet. Es erheben sich mehr und mehr Frauen und auch Männer, die zu mir pilgern und mich bitten, den Menschen und dem Planeten zu Hilfe zu eilen.

Göttin, Du bist die Erde.

Die Erde verkörpert mich. Ich bin, die ich bin.

Sollen wir die großen Feste wieder im alten Sinne feiern?

Das ist nicht nötig. Die alte Glaube ließ sich nicht ausrotten, darum bemächtigten sich die Kirchenväter der „heidnischen" Feste und weihten sie dem mürrischen Vatergott und seinem gemarterten Sohn. Die alten Rituale wurden mit fremder Weihe versehen und so der wahre Sinn teilweise entstellt. Schließlich verblaßte das ursprüngliche Bild.

In den alten Kirchen und modernen Tempeln ist spürbar die Schwingung höher als an anderen Orten. Wenn nun aber das Alte sinnentfremdet ist?

In den vergangenen Jahrtausenden sind die Menschen „guten Glaubens" geworden. Mit ehrlichen und ehrfurchtsvollen Herzen haben sie gebetet und gesungen. Sie haben den einen, wahren Gott gemeint, und das ist nicht falsch. In Gott, der Gottheit, im Urgrund ist das Weibliche und

Männliche in heiliger Harmonie vereint. Im Urgrund herrscht keine Eifersucht auf den, welchen die Menschenkinder zuerst anrufen.

Anbeten.

Anrufen. Die Gottheit möchte nicht angebetet werden, das schafft nur Distanz zwischen ihr und den Menschen. Schau, Priesterin, ich verkörpere mich auch in dir, in jeder Frau und in jedem Manne, wenngleich Männer ihre weibliche Seite aus Torheit meist verbergen. Ist die Ganzheit erneut erlangt und die Zukunft nur noch Ewigkeit, dann müßten wir einander fortwährend anbeten. Wir werden jedoch mit Erschaffen beschäftigt sein. Ich habe dir das Letztere bereits erläutert.

Mutter, stellst Du uns bitte die alten Feste und die christlichen gegenüber?

Wenn du das möchtest. Aber sage mir wozu?

Ich glaube, für viele Menschen fällt die Pomp- und Prunkkulisse der Kirchen dann zusammen. In schlichten Festen kann vielleicht die alte Innigkeit wieder auferstehen.

Du erwartest zuviel Nachdenken von deinen Menschengeschwistern.

Na gut. Ich würde mich schon freuen, wenn sich manches Mißtrauen gegen den Kirchenkalender in die Gemüter schleichen würde.

Steht Michael hinter dir?

Dein Streiter? Du machst gerade einen Scherz. Aber weißt Du, Heuchelei hat mich schon immer wütend gemacht und Raub zornig.

Wen die Sehnsucht nach Gerechtigkeit verzehrt, den gürtet Michael zuweilen mit seinem Schwert. Ein sanftes Lamm kann nämlich nicht den Wolf verjagen.

Sprechen wir jetzt über die alten Feste, die im Jahresrad einst die Göttin und den Gott ehrten?

Du versuchst gerade mich abzulenken. Gut: beginnen wir mit dem keltischen Kerzenfest, aber nicht jetzt.

Warum greifst Du als Beispiel zur Gegenüberstellung Christenfeste - Heidenfeste nach den keltischen Festen?

Diese Kultur ist alt, sehr alt, und darum mit vielen anderen Kulturen verwoben. Andererseits ist sie der jetzigen Zeit noch - oder besser „wieder" - nahe, so daß ihr, die ihr vielleicht sogar in der

Anbindung an den „alten“ Glauben verwurzelt seid, gut die folgenden Vergleiche verstehen könnt. Außerdem, mein Kind, du selbst bist eine wiedergeborene keltische Priesterin, wie du weißt. Wie mühsam wäre es für dich, dein wiedererwachtes Wissen zu verdrängen und in fremdes Gedankengut einzutauchen. Wie ich dich kenne, würdest du zweifeln, zögern oder den Dingen akribisch auf den Grund gehen wollen, was diese Niederschrift aufhalten würde.

Aber ich schenke doch Deinen Worten Glauben!

Das weiß ich. Trotzdem möchte ich keine Verzögerungen, weil du durch Nachforschungen weniger Zeit hast, dich hier zu mir zu setzen.

Danke für Dein Verständnis. Du kennst mich schließlich besser und länger als ich mich selbst.

Darum sage ich dir: Gebe für heute deiner Müdigkeit nach. Schlafe bald in meinen Armen.
So sei es, liebste Mutter.

*

Imbolc/ Oimelc - Du wolltest mit mir über dieses Fest im frühen Jahr sprechen.

Es wird die Brighde gefeiert, die junge Göttin, die das Wasser wieder fließen läßt. Sie rüttelt sanft an den Stämmen der Bäume und weckt dabei die Säfte, die langsam aus der Erde wieder den Stamm emporsteigen. Säfte, meine Tochter, sind Träger des Lebens. Aus meinem Schoß sprudelte noch immer das Urmeer, aus dem das Leben hervortrat. Die weibliche Schöpferkraft formt bis heute aus dem Blut der Mütter, das jenem Urmeer entspricht, das neue Leben.

„Vom Eise befreit sind Strom und Bäche durch des Frühlings holden, belebenden Blick", dichtete Goethe.

Richtig. Er war auf vielen Gebieten ein Wissender und in manchen Dingen ein Ahnender. Er hätte den Menschen viel mehr Weisheit vermitteln können, wenn ihn seine Eitelkeit nicht so oft aus der brüderlichen Liebe katapultiert hätte. Aber er ist schon wieder inkarniert und wird für die Sternenkinder der Lehrer sein, der sie, schützend vor der Einfalt uneinsichtiger Pädagogen, auf ihre große Aufgabe vorbereitet. - Doch lassen wir Meister Goethe. Wenn die dunklen Tage vorbei sind und die Helligkeit zunimmt, entsteht in den Menschen ein starkes Bedürfnis nach Reinigung. Ihr redet heute vom „Frühjahrsputz" und meint damit nicht nur die Säuberung der Wohnung und der dicken Kleidung. Ihr macht Entschlackungskuren, um die Müdigkeit zu vertreiben, die euch wie den Bären noch in den Knochen hängt.

Wie kommst Du denn jetzt auf die Bären, Mutter?

Mit der weißen Göttin, der Lichtvollen, trat früher auch der Bär aus dem Schoß der Erde hervor. In den alten Mythen war der Bär niemand anderes als der zwar noch unerkannte, aber bereits wiedergeborene junge Sonnengott.

Es gibt eine alte Bauernregel, die besagt, wenn der 1. Februar sehr hell und klar ist, dauert es noch etwa sechs Wochen, also ungefähr bis zur Frühlingsäquinoxe, bis es wirklich wärmer wird.

Das Klima ändert sich weltweit, und so können diese alten Regeln heute nur noch Zufallstreffer sein.

Meine thüringische Großmutter hat immer erst zu Lichtmeß den Weihnachtsbaum aus der Stube geräumt, sehr zum Entsetzen meines Großvaters, weil die Tanne inzwischen Nadel um Nadel verloren hatte und manchmal halbnackt dort stand.

In deiner Großmutter war das Bewußtsein der Ahnen hellwach. Sobald die ersten Schneeglöckchen an geschützten Stellen blühen, das ist meist Anfang Februar, tritt die Weiße Göttin und der junge Sonnenkönig die Herrschaft an. Das Paar bewegt alle Säfte und Kräfte in der Natur, auch im Menschen, und überall beginnt eine verliebte Werbung. Die Leute wurden übermütig, weil die Last der Dunkelheit von ihnen genommen war. Es gab fröhliche Feste, von den sauertöpfischen Priestern und Missionaren als wüste Orgien verpönt, aber sie waren nichts anderes als ein Ausdruck von Lebensfreude und Schöpferkraft. Man lärmte über die Felder, trieb allerlei Schabernack und wollte so die Saat aufwecken.

Dann wollten sich diese ausgelassenen Menschen früher an Deiner Arbeit beteiligen.

Das hatten sie im Sinn. Außerdem gedachte man mit den Umzügen und dem verrückten Treiben die vielen Krankheitserreger und möglichen Geister, die vielleicht seit Samhain noch umherirrten, endgültig zu verjagen.

Das hört sich nach närrischen Fastnachtstreiben an.

Fastnacht hat nichts mit „fasten“ zu tun. Das alte Wort „vaselen“ liegt darin verborgen, und das bedeutete „gedeihen“ oder „fruchten“.

Es gibt die alten Bräuche immer noch.

Heute sind sie sinnentstellt. Die Weiße Göttin ist von den Priestern verbannt worden, und man hat Maria, die Himmelskönigin, an ihre Stelle gesetzt, damit die „Götzendienerei" ein Ende habe. So ist aus dem Fest der Brighde, der jungen, Licht bringenden Göttin, Mariä Lichtmeß geworden.

Aber, Mutter, es hat doch nur einen anderen Namen. Wer anders ist die Himmelskönigin als Du, die Große Mutter. Weinst Du, weil Menschen Dir Deine Feste stehlen?

Nein, meine Kinder feiern mich immer noch, zwar unter einem anderen Bild, doch sehr bald werden sie wieder wissen, wen sie ehren.

Ich wünsche so sehr, daß Dir bald wieder die gebührende Ehrfurcht entgegengebracht wird.

Nicht Ehrfurcht. Lausche dem Wort nach, Tochter. Sollst du dich fürchten vor dem, was du ehrst? Gibst du nur die Ehre aus Angst vor der Größe des zu Ehrenden?

Nein, nein! Natürlich nicht.

In der Ehrfurcht ist zu wenig Liebe. Verneigst du dich tief in Ehrfurcht, wie kannst du Herz an Herzen sein mit deinem Gegenüber?

Was dürfen wir Dir entgegenbringen?

Ehrerbietung, wenn es schon sein muß. Aber Nähe und kindliches Vertrauen sind mir lieber.

Laß mich Dich ehren, indem ich Dir in meinem Leben einen besonderen Platz einräume. Im Zweifel laß mich fragen: "Wie würde die Liebe der Mutter entscheiden?" Ich ehre Dich, indem ich nicht an Dich glaube, sondern Deiner Gegenwart gewiß bin. „Ich bin in der Mutter geborgen", das soll nicht nur Trost sein, sondern wie eine Fanfare meines sicheren Wissens erschallen.

Mit dieser Ehrung überreichst du mir einen Blütenkranz, und ich nehme dich voll Freude in meine Arme.

Wenn wir nun das keltische Kerzenfest, Imbolc/Oimelc feiern - wie sollen wir es gestalten?

Ihr könnt die alten Rituale nicht mehr getreulich nachvollziehen. Zur Neige des Winters, wenn das Licht mit seiner Kraft hervordrängt, laßt von der Abenddämmerung bis zum Morgengrauen eine Kerze brennen. Aber gebt acht auf eure kleinen Kinder, laßt das Licht nicht ohne Aufsicht. Habt ihr einen Kamin, entzündet ein Feuer. Eßt eingemachtes oder getrocknetes Obst. Ihr dürft herzhaft von den Wintervorräten essen, denn bald steht euch junges, frisches Grün zur Verfügung. Zur Zeit des halben, zunehmenden Mondes beginnen in den Frauen die Säfte zu fließen. Es ist eine gute Zeit, um zu empfangen - nicht nur neues Leben. Auch die Stimme der Göttin, nicht mehr dunkel aus der Erde hallend, wird jetzt deutlicher. Es ist ein Tag des weiblichen Geheimnisses und der ewigen Wahrheit. Ihr solltet an diesem Tag keinen Alkohol trinken. Löscht euren Durst mit Wasser, nur mit Wasser, was sowieso immer gesünder ist. Die Wasser beginnen erneut zu fließen. Meine Priesterinnen mögen sich an diesem Festtag seiner lebenspendenden Kraft weihen.

Ein stiller Tag soll es sein.

Ein Tag, an dem die steigenden Säfte in euren Ohren eine rauschende Hymne singen. Lauschet! In jenen Stunden sei für Geschwätz kein Platz in eurem Alltag.
So sich die Möglichkeit bietet, sollte eine jede Frau in die Natur gehen und mit ihrer Stirn die Erde berühren. So verschmelzen wir miteinander. Ich bin ihr, und ihr seid ich.

Endlich können wir aufhören, Dich zu suchen.

Imbolc bedeutet „im Bauch", und Oimelc ist das Wort für „Milch". Um die Zeit dieses Festes regt sich im Leib der jungen Göttin das neue Leben. Bei den trächtigen Schafen und Kühen schießt jetzt die Milch in die Euter. Nehmt das mit allen euren Sinnen auf, und ihr müßt mich wahrlich nicht mehr suchen.

So wird es geschehen.

So geschieht es.

*

Das keltische Vogelfest - Alban Eiler - entspricht es dem heutigen Ostern?

Es ist ein Fest, das schon in der vorkeltischen Zeit, im Neolithikum, begangen wurde. Ihr könnt das auf Zeichnungen erkennen, die sich an Höhlenwänden befinden. Das Symbol war das Rad mit einem Kreuz. Es sind die vier großen Feste gemeint, die jeweils den Beginn einer neuen Jahreszeit kennzeichnen.

Zur Frühlings-Tagundnachtgleiche haben sich die Bauern und Dorfbewohner morgens aufgemacht zu ihren Feldern. Sie schauten in den Himmel und erhofften, die ersten Schwärme der Zugvögel bei ihrer Rückkehr zu entdecken. Habe ich das so richtig in Erinnerung?

Sie hätten auch an anderen Merkmalen den Beginn des Frühjahrs ablesen können, zum Beispiel am Sprießen von Pestwurz und Huflattich, am Erblühen des Ginsters oder daran, wie das junge Buchengrün hervordrängte. Daß man den Flug der Vögel beobachtete, hat mit der engen Verbindung der Druiden der Frühzeit mit den Vögeln zu tun. Aus zarten Vogelknochen wurde die Zukunft gelesen, und Federn dienten bei rituellen Handlungen dazu, die Energien des Himmels mit der Erde zu verweben. Ich habe dir das bereits erläutert.

Ein Frühlingshimmel scheint mir immer höher zu sein als ein durch Schneewolken grauwattierter Winterhimmel.

Der Himmel besinnt sich auf seine Kräfte und die Erde auf die ihrigen. Es scheint euch nur so, als hätte sich das Himmelsgewölbe erhoben und weiter vom Schoß der Erde entfernt. In Wirklichkeit sammelt der Himmel sein Licht, um die Göttin wieder und wieder zu befruchten. Es ist eine Zeit frohen Jubels in allen Sphären.

Aus den Blüten des Ginsters hat Edward Bach eine heilende Essenz gewonnen.

Der ehrwürdige Erzdruide! Mein Blütenpriester hat viel Heil in diese Welt gebracht. Die Kraft der

Sonne ist im Grün des Strauches mit der Unermüdlichkeit der Erde gepaart. Diese Energien sprengen dem leidenden Menschen die Mauern aus Verzagtheit und Trübsal, hinter denen er gefangen ist. Zu manchen Zeiten würde ich mir wünschen, ihr würdet eure Stirn mit Zweigen aus blühendem Ginster umwinden, damit sein Strahlen in euch übergeht und jedes Zwielicht euch flieht

Wir bemalen Eier, um der Fruchtbarkeit der Göttin zu huldigen, denn von Ihr hängt alles Leben ab.

Ihr dürft auch Eier essen und helle, leichte Nahrungsmittel, damit ihr mit der Seele dem Flug der Vögel besser folgen könnt.

Ist es uns in jener Zeit möglich, weit voraus in die Zukunft zu schauen?

Das Vorausschauende gehört zu eurem göttlichen Sein. Ihr pflegt es nur nicht. Euer Tellerrand ist fast immer die Grenze für euren schweifenden Blick.

Zu den einzelnen Festen sind die weiblichen und männlichen Energien meist unterschiedlich verteilt.

Nicht an Alban Eiler. Hier sind die männlichen und weiblichen Kräfte ausgewogen.

Die Mondin streitet also nicht mit dem Sonnengott.

Wie könnten sie sich zanken, da sie doch ein liebendes Paar sind.

Die vier Hauptfeste sind „Feuerfeste" - Albans genannt.

Im Freien wurde das Osterfeuer entfacht. Im Rhythmus tanzender Füße erbebte die Erde, und die Flamme loderte hell - ein Zeichen der Großen Hochzeit.

Die Christen haben der Göttin Ishtar Ihr Fest entrissen und eine Auferstehungsfeier daraus gemacht.

Ist das so falsch? Erhebt sich nicht aus dem dunklen Erdschoß das alte Leben im neuen Grün?

Wie Isa, der zu Ostern auferstanden ist, sagen die Vertreter der Kirchen.

Ihr müßt die ewige Wiederkehr des Lebens nicht an dieser Geschichte im Neuen Testament messen. Dort bleibt für die Unzerstörbarkeit allen Lebens wenig Platz.

Was hatte dein Sohn in der Hölle zu suchen, wo die durch die Erbschuld Verunreinigten schmachteten? Er hat sie angeblich erlöst, aber noch immer werden, beson-

ders wir Frauen wegen dieser Erbsünde verunglimpft. Mich beschleicht der Gedanke, wenn ich darüber sinniere, daß sein Opfer wohl umsonst gewesen ist, wenn uns diese Schuld noch immer angekreidet wird und zum Beispiel - nach der Kirchenlehre – kleine, ungetaufte Kinder keine Chance haben, in den Himmel zu kommen - wo immer dieser mysteriöse Ort auch sein mag. Moderne und dennoch orthodoxe Pfarrer weigern sich sogar, ungetaufte Babys zu bestatten, die unerwartet verstorben sind, wie es gerade kürzlich im Bekanntenkreis geschah.

Du bist jetzt wütend, Priesterin.

Hauptsächlich wegen der Angst, die dieses Gedankengut bei einfachen Menschen verbreitet. Ich bin auch wütend über die „Lehre", weil sie unlogisch und unmenschlich ist.

Für dich.

Für mich. Nur für mich? Glaubst Du? Wo ist die Wahrheit?

Nicht in dem Buch, das ihr eure Heilige Schrift nennt. Was dort geschrieben steht, verleitet eher zu Resignation, als zur frohen Gefolgschaft meines Sohnes. Aber warum erregst du dich? Ist die Wahrheit nicht immer irgendwann an den Tag gekommen?

Doch. Aber bis dahin muß blind herum getappt werden?

Ein jeder Mensch hat seinen Verstand u n d seinen freien Willen. Niemandem ist erlaubt, einem die Wahrheit Suchenden eine Falkenhaube aufzusetzen, um ihm seinen geistigen Höhenflug zu verderben.

Um uns aus dem zähen Brei von Lug und Trug zu befreien, brauchen wir Hilfe.

Die habt ihr bereits. Schult euer Unterscheidungsvermögen. Vernehmt die Worte der Seherinnen und Seher, hebt sie in das Licht der Weisheit, und laßt sie danach als goldenen Samen in euer Herz fallen.

Das erfordert Hingabe und Disziplin.

Den Umgang mit der Wahrheit muß man sich verdienen. Sie ist nicht immer süß, sondern kann unbequem und bitter sein, weil sie die Aufgabe stellt, euch von alten Gedankenmustern zu trennen. Ist euch das gelungen, ist die Wahrheit eure Rüstung, euer Schild, der euch einen Frieden gewährt, der durch nichts zu zerstören ist - solange ihr eurer erkannten Wahrheit treu seid. Isa ist noch immer der Weg, die Wahrheit und das Leben. Zur Zeit müßt ihr euch mit einer Wahrheit begnügen, die verfälscht wurde. Nur noch eine kleine

Weile, dann wird vieles offenbar, und die Macht der Wahrheit wird die Kirchen überwältigen. - Geh nun trösten, Priesterin, und ermutige den Patienten, der gleich kommt, zu leben.
Sei gesegnet.

Möge mein Dank wie eine Rose für Dich sein.

*

Ihr, meine Töchter und Söhne, macht euch keine Vorstellung, wie wichtig Dankbarkeit ist.

Dankbar - wofür?

Für alles. Es gibt nichts, was nicht als Geschenk für euch gedacht ist.

Oh, Mutter, bei Deinen Worten schnürt sich mir der Hals zu.

Du denkst an das Elend, die Krankheiten, die Hungersnöte, die Kriege. Dein Blick fällt auf die Taten, die aus unrechtem Handeln geschehen. Du entdeckst Ungerechtigkeit, Bestechlichkeit, siehst Haß lodern und Neid und Eifersucht das Licht verfinstern.

Ja, und vieles andere außerdem.

Jene, die bewußt sind, hörst du sie flehen? „...und erlöse uns von dem Bösen, denn Dein ist das Reich und die Kraft und die Herrlichkeit".

Aber das ist das „Vaterunser", wie es Isa angeblich lehrte.

Die Anrufung gilt der Göttlichkeit, dem Großen Einen. Im Ende des Hochgebetes klingen die Worte nicht nur wie ein Gelübde. Aus vertrauendem Glauben wird Wissen. Werdet ihr von den Schatten angegriffen - sie sind da und quälen euch - und ihr bittet um Befreiung, dann werdet ihr euch auch des Lichtes bewußt, das ihr seid. Es dauert manchmal eine Weile, bis dieses Bewußtsein stark genug ist, um nach der Loslösung von den Schatten zu verlangen. Siehst du jetzt, daß auch das Übel ein Geschenk ist, da es euch am Ende immer auf die Suche nach dem hellen Weg führt?

Mutter, es scheint mir fast unmenschlich, im Unglück - ich pauschaliere jetzt - das Übel noch als Geschenk zu betrachten und dafür zu danken.

Ruft die zarte Schwester der Liebe und des Vertrauens - die Demut - und ihr könnt annehmen, was euch zugedacht ist, auch wenn euch das Geschenk auf den ersten Blick nicht gefällt.

Ich bin sicher, manche Geschenke gefallen uns bis zu unserem Sterben nicht.

Das ist gewiß. Solche Menschen haben es schwer, ihren Körper zu verlassen. Sie hadern mit ihrem Schicksal, fühlen sich um reichen Lohn betrogen und weinen Traumbildern hinterher, die, wären sie Wirklichkeit geworden, den Menschen in seiner Entwicklung um einiges zurückgestuft hätten.

Es heißt, Menschen kreieren sich ihr Schicksal. Manchmal kann ich diesen Eso-Qualm nicht mehr hören.

Priesterin!! - Einigen Menschen, gerade jenen, die solche Aussagen machen, dämmern die Zusammenhänge zwischen dem Großen Einen und den eigenen Schöpferfähigkeiten.

Warum werden wir überhaupt in Versuchung geführt von der Gottheit?

Damit ihr unterscheiden lernt. Ihr habt euren freien Willen und demnach die freie Wahl. Ihr seid göttlich und keine Hammelherde, die dem Hütehund hinterher trottet. Außerdem ist diesbezüglich aus einer Fehlinterpretation eine falsche Übersetzung entstanden. Isa lehrte zu bitten: „Und führe uns i n der Versuchung." Er wußte, daß die Große Mutter und der Vater die Kinder nicht auf die Probe stellen, um ihre Loyalität zu prüfen. Im Urgrund ist die Wahrheit bekannt.

Warum dann überhaupt eine Versuchung?

Ich habe es dir doch gerade erklärt: Nur im Zwiespalt kann der Wunsch nach rechtem Handeln entstehen. Das ist so, seit Adams „Sündenfall".

Haah - die Apfelgeschichte mal wieder. Intuition gegen Wissenschaft. Profanes Wissen gegen Weisheit.

Erkennst du den Hochmut Adams, mit dem er sich die Tochter der Göttin untertan machen wollte?

Wie konnte der Sohn der Göttin derart fehlen?

Die Möglichkeit, sich zu irren, war im selben Augenblick gegeben, als die Gottheit euch mit dem freien Willen beschenkte. – Ich höre, was du denkst, Priesterin. Nein, das Geschöpf ist nicht Gott, auch wenn es göttlich ist, aber es hat die Möglichkeit, in den Urgrund hineinzuwachsen, bis es – noch in der Endlichkeit – für die Ewigkeit darin aufgeht.

Meine Vorstellungskraft reicht nicht, das von Dir entwickelte Bild bleibt vage.

Das macht nichts. Vieles hält sich bis zum Rande der Ewigkeit für euch verborgen.

Auch dafür sollen wir wahrscheinlich danken.

Aber sicher! Das höchste Wissen würde euren menschlichen Verstand überstrahlen. Du weißt doch: Schaust du in die grelle Sonne, wirst du schließlich blind.

Vielleicht ist es am besten, wir gehen auf die Knie, beginnen zu danken und erheben uns erst gar nicht mehr.

Das wäre schade, denn meine Mitschöpferinnen und Mitschöpfer müssen rege sein, um am Werk beteiligt zu bleiben. Laßt am Abend den Tag vor eurem inneren Auge vorüberziehen und dankt für alles. Eure Engel werden euch dabei behilflich sein. Sie haben das bessere Gedächtnis. Bedankt euch auch für die Dinge, die für euch noch nicht in irgendeinem Zusammenhang mit der liebevollen Zuwendung der Gottheit stehen. Morgens bedankt euch für die stillen, erholsamen Stunden der Nacht. Selbst wenn ihr nicht schlafen könnt, so habt ihr doch Zeit zu fliegen. Ihr könnt die Räume durchstreifen auf der Suche nach der Wahrheit. Seid ihr erwacht, bedankt euch im voraus für die vielen Wunder und herrlichen Geschenke, mit denen ich euch überhäufen werde. Ihr müßt die Gaben nur sorgsam aus ihrer Verpackung lösen.

Mutter, vorausgesetzt wir danken auf die angemessene Weise. – Entschuldige das, was ich jetzt sage: Bist Du gar erpicht darauf?

Dank, meine Tochter, ist die Hymne der Königskinder an die Gottheit. Zu uneingeschränktem Dank ist nur fähig, wer sich der Liebe der Gottheit sicher ist und diese Liebe ohne jeden Vorbehalt erwidert. Solcher Dank meiner Kinder bringt mich in ihr Bewußtsein, und eine für euch unvorstellbare Fülle von Segnungen sind meine Antwort.

Nun danke ich Dir für die zwei Stunden, die ich hörend und schreibend an Deiner Seite verbringen durfte.

Du bist stellvertretend für viele Töchter und Söhne mit mir zusammen. Ich spreche zu euch, die ihr euch nach mir sehnt.

Liebste Mutter, darf ich Dich um etwas bitten?

Immer.

Können wir über Beltane sprechen, wenn Alban Arthan, die Wintersonnwende vorbei ist?

Wenn du das möchtest. Du darfst dich aber auch kurzfristig anders entscheiden.

Beltane ist ein Fest im Freudenrausch und Taumel der Sinne im Frühling. Vielleicht würden seine Bilder die Stille und das erhabene Geheimnis der Wiedergeburt des Lichtes stören.

Schau, Kind, die Dunkelheit, die euch drei Tage vor dem hohen Geburtsfest umgibt, ist bereits von samtiger Bläue durchwoben. Seid sehr still am Tage des 21. Dezember, dann hört ihr die leisen Melodien, die das Licht ankündigen. Am Ende entsteht ein brausender Gesang. Sterne sinken in den Schoß der Erde und begleiten die ersten Schritte des jungen Lichtkönigs auf seinem Weg. Weiht eure Herzen dem Mysterium, das sich wiederholen wird, solange ich diesen Planeten in meinen beiden Händen halte.

Wir folgen Dir gerne.

Die Weihezeit ist vorüber. Du hast reichlich Segen gespendet, Mutter, den wir hier über unsere feinstofflichen Körper wahrgenommen haben. Es gebührt Dir unendlicher Dank, Göttin. Die hohen Weihestunden sind noch nicht vergangen, meine Tochter. Ihr hetzt durch die meßbare Zeit und versäumt, den Gnadenfluß dieser Tage und Nächte in euch aufzusaugen. Schon zappelt ihr dem neuen Jahr entgegen, voller Furcht vor dem Unwägbaren, die Gedanken ausgerichtet auf Erfolg und Profit. Warum laßt ihr euch nicht in den Frieden sinken, den das Sternenlicht verbreitet, warum schwelgt ihr nicht in meiner Liebe?

Deine Liebe ist immer um uns, sagst Du.

Ist sie deswegen weniger achtenswert? So seid ihr noch, ihr unerwachten Kinder: Was ihr immer haben könnt, nehmt ihr kaum mehr wahr! Nur wenn ihr glaubt, diese mütterliche Liebe sei euch entschwunden, beginnt ihr zu schreien wie der Säugling nach der Brust, obwohl die Mutter sich im Nebenzimmer befindet und sanfte, beruhigende Worte spricht.

Hat dieses Verhalten etwas mit mangelndem Urvertrauen zu tun?

Natürlich.

Und wo ist es geblieben, unser Urvertrauen?

Als ihr angefangen habt, Vergleiche zu ziehen, als auf diese Weise die Einheit zerbrach und die

Gegensätzlichkeit auftrat, als ihr göttlichen Menschen euch an dem Großen Einen gemessen habt, da verloret ihr euer Urvertrauen. Es ging, als ihr einen Spiegel suchtet.

Aber die Schöpferin erschuf das „Alles" - sie rief Leben und den Menschen hervor. Du sagtest, dies geschah, weil die Gottheit sich erfahren wollte.

Ja, aber sie mußte sich nicht spiegeln. Die Gottheit trat aus ihrer Anonymität und ihrer Neutralität heraus. Auf diese Weise befreite sich die allumfassende Liebe. Sie konnte aktiv werden und ergießt sich seither in unaufhaltsamen Strom über die gesamte Schöpfung.

Deiner Liebe entsprießen auch all die Leiden der Menschheit?

Die edelsten Rosen wachsen auf dornigen Zweigen. Die Verursacher der Leiden seid ihr. Ihr hattet den Auftrag, der Erde zu dienen. Gier hat den Menschenverstand verdunkelt, und so lest ihr heute im Alten Testament: „Und Gott sprach: „ 'Machet euch die Erde untertan.' "

Herrschen und beherrschen sind vornehmlich männliche Bedürfnisse. Eine Frau möchte hegen und pflegen.

So war es ursprünglich. Doch die vielen Schrecknisse, die von Frauen durchlitten wurden, haben sie aus dieser Rolle herausgedrängt. Und nun denke nach: Ist es für dich vorstellbar, daß ich, die Große Mutter, die ich die Erde bin, euch den Befehl erteile, mich euch untertan zu machen?

Es ist absurd und lächerlich. Ich zweifle immer heftiger am Wesen des Alten Gottes. Dieser finstere Geselle, den Du da erschaffen hast -

halt, Priesterin! Ich gebar den Gott, der mit mir im Urgrund vereint ist. Er zeugt und ich erschaffe, und dies wird nie ein Ende haben. Doch das Männlich-Göttliche und das Göttlich-Weibliche finden in der gesamten Schöpfung einen vielfältigen Ausdruck. Die herrlichen, gottgleichen Wesenheiten des Alls haben sich mit den Töchtern und Söhnen der Erde, als ihre Körper, ihr Geist und ihre Seelen noch in voller Schönheit blühten, gepaart. So bevölkerte sich die alte Welt mit Halbgöttern, die durch ihre menschliche Seite mit Schwächen und Fehlern behaftet waren. Ihr kennt sie aus Mythen und Legenden. Aus Unwissenheit habt ihr jedoch manche dieser Halbgötter zu einem Gott erhoben.

Werden diese Götterbilder einst stürzen?

Ihre ehemals ehernen Füße rosten und zerfallen. Immer häufiger wird die Erde, der Boden unter euren Füßen beben, und die Popanze werden mit Getöse umfallen.

Mutter, der Alte Gott, aus Angst von uns verehrt: Haben wir ihm eine Macht zugebilligt, die er aus sich nicht hatte, aber dennoch angenommen und schließlich mißbraucht hat?

Ein halbmenschlicher Gott ist verführbar - und nun denke über meine Worte nach und ziehe dann d e i n e Schlüsse. Ich erkläre nichts Weiteres zu diesem Thema. Eine Mutter wird ihrem Kind niemals das geliebte Kuscheltier wegnehmen, selbst wenn es verschmutzt, unansehnlich und eigentlich nur noch ein Lumpenbalg ist.

Für mich sind zerstörte Illusionen manchmal äußerst hilfreich. So löse ich mich nach und nach aus der fesselnden, von Kirchenvätern geschaffenen Tradition, in der ich erzogen wurde. In dieser neugewonnenen Freiheit ist mein Blick immer weniger verstellt, und ich vermag Dich zu erkennen, wohin ich auch schaue. Ich wünsche mir so sehr, daß andere, besonders Frauen, diese Offenheit auch erlangen mögen.

Solche Wünsche können „Wunder-voll“ sein, meine Tochter, denn sie beinhalten Liebe und

Hingabe an mich. In der Erfüllung solchen Flehens kann die Schöpfung zu ihrer ursprünglichen Herrlichkeit geheilt werden. Jetzt, zum Jahreswechsel, steigt in vielen Menschenherzen diese heiße Bitte um Heilung der Erde und Frieden und Liebe unter den Menschen auf. Diese Gedanken entzünden ungezählte Lichtfunken in der Dunkelheit.

Kommst Du erst zurück, wenn die Finsternis gewichen und es wieder vollkommen hell ist?

Ich muß nicht auf das Licht warten. Ich bin das Licht. Wo die Morgenröte herkommt, von dort nahe ich. Achtet auf die Zeichen, und ihr werdet mich erkennen.

Du gibst uns Zeichen, wenn Du kommst?

Ich bin bereits da. Schon viele Menschen haben mich in gläubigem Erstaunen erkannt. Ich brauche nun Wegbereiter, damit die Neue Erde und der Neue Himmel ihre Kraft entfalten können. Nehmt meinen Auftrag an und arbeitet zusammen.
Euer altes Jahr kommt zu mir zurück. Ich mache mich bereit, es in meinen mütterlichen Armen zu empfangen. Anschließend springt das junge Jahr über eure Schwelle, unschuldig und blütenbekränzt. Empfangt es mit Liebe, und folgt ihm die kommenden dreihundertsechsundsechzig Tage mit Achtung.

Wir werden uns bemühen.

Es soll so sein.

*

Nach der alten Zeitrechnung sind die Rauhnächte nun beendet.

In der christianisierten Rechnung vermischt sich der alte Glaube mit dem neuen Denken. Dort gehen die geheimnisvollen Nächte bis zum sechsten Januar. Aber es ist gleichgültig, von welcher Warte aus ihr das Geschehen betrachtet. Der Schleier zwischen den Welten, der von Menschen bevölkerten und der Welt der Geister und gespenstischen Wesen, ist dünn. Eure Sinne vermögen sich in diesen zwölf Nächten dem Geschehen in der Vergangenheit und dem Zukünftigen zu öffnen. Darum orakelt ihr mit allerlei Hilfsmitteln.

Ist das in Ordnung, Mutter?

Da es euch allen an Vertrauen mangelt, schaue ich dem verspielten, angeblich magischen Treiben lächelnd zu, lasse meine Weisheit einfließen, spende mütterlichen Trost und schenke die Möglichkeit, das Geschaute oder Gelesene nach unterschiedlichen Richtungen auszulegen. Der positive Denker wird das Gute erfahren, der Schwarzmaler wird nicht erkennen können, daß am E n d e eures Weges alles gut ist.

Wir haben mit Freunden auch orakelt und als Begleiter durch dieses Jahr 2004 keltische Totemtiere gerufen.

Ihr habt euch auf die Trance-Meditation eingelassen und euch am Ende gefreut, wie treffend doch die Tiere Rat erteilten und Hilfe anboten.

‚Du hast Deine Hand im Spiel gehabt!!

Natürlich. Wozu habe ich meine Hände!

Abschließend sandtest Du noch für jeden einen Engel, der Deine Gaben überbrachte und für den Einzelnen eine Botschaft bereithielt. Auch hier haben wir Deine Nähe während unserer Spielerei gespürt. Es war befreiend und beglückend, und nachdem wir uns dem vorbereiteten Essen zugewandt hatten, waren wir bis zur Albernheit fröhlich.

Wenn meine Kinder spielen und Spaß haben, bin ich eine glückliche Mutter. Ihr solltet viel öfter unbeschwert beisammen sein. Wo gelacht und getanzt, musiziert und gesungen wird, verliert der Feind, auch der, der euch manchmal besetzt hat, seine Macht. Schafft solche Kreise der Harmonie.

Pflegt die unbeschwerte Freude, während ihr zusammen seid. Allmählich wird diese Freude in den Alltag fließen, Dämmerung wird im Licht vergehen, und durch Leid verursachte Schmerzen werden verklingen.

Das ist sicher ein Weg, aber einer, den zu gehen es viel Zeit braucht, bis endlich Frieden in die Welt einziehen kann.

Ihr vergeudet Zeit, weil ihr der Hoffnungslosigkeit einen Herrscherthron eingeräumt habt. Wo sind meine Rebellen-Priesterinnen und -Priester, die dem Licht seinen angestammten Herrscherthron zurückerobern?

Wir sammeln uns, Mutter, und wer schon herbeigeeilt ist, steht Dir zur Verfügung.
Ich möchte aber gerne noch etwas wissen.

Frage, mein Kind.

Die Totem-Tiere zu rufen war ein großes Erlebnis und hat uns in eine uralte Zeit zurückversetzt. Aber Du hast mir von klein auf spürbar und sichtbar Deine Engel zur Seite gestellt. Ein bißchen unbehaglich war mir, als ich zuerst die Schutztiere und nicht die Engel rief.

Ihr habt die Engel ja auch noch gerufen. Und die Totems, die Ahnen der Tiere, ihr Urwesen, das sich oft außerhalb des Tierkörpers aufhielt, das waren die Schutzgeister der frühen Menschen. Sie verkörperten die Kraft, die ihnen selbst zuweilen fehlte. Je nach seinem Charakter fühlte sich ein Mensch einem oder mehreren unterschiedlichen Tieren im Wesen verbunden. In Trance waren die Krafttiere zu sehen, im Wachzustand die Energie fühlbar. Alle Tiere galten als heilig, die einen mehr, manche weniger. Die Menschen der Frühzeit wußten, daß sie genau so aus meinem Schoß hervorgegangen sind wie das Menschengeschlecht.

Wenn ich mir diese Anbindung an Deine Schöpfung betrachte, diese allererste Religion: Nahmen die Totems damals den Platz ein, den später Deine Engel innehatten - und haben?

Du darfst das so sehen. Aber vergiß nicht: Noch heute gibt es Urvölker, die ihre Totems verehren. Indianerstämme zum Beispiel und an unzugänglichen Orten dieser Erde lebende Gruppen, die von jeglicher Entartung durch Zivilisation verschont geblieben sind. Ich habe das bereits erwähnt. Ihr werdet einige jener Eingeborenen erst entdecken, wenn ihr deren Würde und heiliges Wissen achten könnt. Sie sind Lehrer, Brückenbauer für euch. In hingebungsvoller Demut vermögen sie die Kräfte der Erde und des Himmels in sich zu vereinen, um auf diese Weise das Gleichgewicht der Erde zu stabilisieren.

Ist die Erde aus dem Gleichgewicht?

Euer Bewußtsein wird sich verändern und damit die Schwingung dieses Planeten. Das kann vorübergehend zu Turbulenzen führen. Reifet zur Liebe, und es wird nichts geschehen, denn ich halte alles in meinen Händen.

Du ermahnst sehr ernst, und zugleich tröstest Du.

Damit ihr euch nicht vor Angst die Decke über den Kopf zieht und in Tatenlosigkeit erschlafft. Ich plane nicht, zu zerstören, sondern rufe euch, meine Kinder und Priesterschaft, auf, an der Errettung des Planeten mitzuarbeiten.

Du sollst nicht umsonst nach uns rufen, Mutter. Sprechen wir jetzt über Beltane?

Die junge Göttin geht über die grünende Erde. In ihrem Leib reifen die Früchte. Sie ist so beschwingt und selig, wie es eine werdende Mutter nur sein kann. Ihr feiert mit ihr vom 3o.April zum 1. Mai. Seid ausgelassen, öffnet euch der Zeugungskraft. Entzündet Feuer und verbrennt die letzten Spuren der Winternöte. Die Äcker öffnen ihre Furchen, und strotzende Fruchtbarkeit nimmt weiteren Samen auf. Meine Fülle zeigt meine Liebe, ihre Zeit ist angebrochen. Nehmt das Licht auf und empfanget - alle.

Walpurgisnacht und Hexensabbat -

Ja, ja - dummes Zeug. Weder ihr Frauen, noch ich, die Göttin, fliegen auf einem Besen durch die Nacht. Hier wurde der alte heilige Glaube durch Aberglauben geschändet. Laßt euch nicht länger diskriminieren von jenen, die durch zölibatäre Zucht von ihrem Hunger nach Leben einen kranken Geist haben.

Nun, früher an den Beltane-Feuern ging es bacchantisch, unmoralisch und sittenlos zu.

Erzählen die, die nicht dabei waren. Und was sagst du?

Lebensfreude sprühte als Funken aus dem Feuer. Alte Schuld wurde vergeben im Glück um das Wissen der nun langsam reifenden Früchte. In Lachen, Tanzen und Singen wurde Sexualität zu körperlicher und seelischer Liebe verzaubert, wie es gedacht ist. Die Freude hat uns zu den Sternen reisen lassen, und manche kamen mit einem Gruß aus der fernen Heimat nach den Feiern zur Erde zurück. - Ohne Besen.

Kannst du erkennen, was Angst und Neid aus den hohen Festen der Großen Mutter gemacht haben?

Es ist so traurig.

Holt euch das Recht zurück, in alter Tradition zu feiern. Doch laßt euch nicht von der modernen Zerrüttung der Ethik verleiten, den Ritualen der Göttin einen Anstrich von Pornographie zu geben, etwa um die Sache „mediengerecht" aufzubereiten.

Dann bewahre uns bitte.

Das werde ich tun - auf meine strenge, mütterliche Art. Nebenbei: Beltane ist genauso ein Fest des Sonnengottes, keine Feier also, die in männerfeindlicher Klausur zu zelebrieren ist. Eßt auf gar keinen Fall Fleisch zu der Feier - das erwähne ich für jene, die den Leichenschmaus ihrer tierischen Freunde nicht lassen können -, sondern labt euch an Süßigkeiten, Früchten, jungem Gemüse. Frauen backen aus dem Mehl des Vorjahres kleine Kuchen. Die weibliche Kraft zum Ausformen und die Fähigkeit, Nahrung zu spenden, finden auf diese Art und Weise ihren Ausdruck. Im Vorgang des Backens wiederum - durch die Macht des Feuers - beteiligt sich männliche Energie an dem Ritual.

Feuer reinigt.

Und verwandelt. Hier schafft die Macht der Feuerenergie in Einheit mit der Schöpferkraft Lebenspendendes.

Kuchen hast Du auch aufgezählt.

Er bereitet Genuß und ist zugleich Nahrung, ähnlich wie köstliche Muttermilch, die für den Säugling Genuß ist, auch, weil er im Frieden an der mütterlichen Brust Nahrung zu sich nehmen darf. Feiert die ganze Nacht miteinander. In der Morgendämmerung des ersten Maientages erscheinen die Devas der jungen Blüten, der künftigen Blumen, der Gräser, der unterschiedlichen Getreidearten, der Früchte, die zur Reife träumen. Singt für sie, tanzt für sie. Alle tragen eure Bitte um eine reiche Ernte, um ein erfülltes Leben, zu mir.

Kann man ein solch großes Fest in dieser modernen Zeit, da die Gemüter erkaltet sind, wieder aufleben lassen?

Wenn ihr nicht endlich damit beginnt, gewiß nicht.

Wirst Du alle Feste mit uns feiern?

Versprochen. Aber nicht von einem hehren Himmelsthron aus. Ich werde mitten unter euch sein. - Beenden wir für heute unser Gespräch. Deine Katzen sind hungrig.

Danke, daß ich bei Dir sein durfte.

*

Nun sind wir bereits sieben Tage im neuen Jahr. Weihnachts-baum und Krippe wurden wieder im Keller verstaut.

Du hast deinem Mann gegenüber kleine Gewissensbisse, weil du nicht abwarten konntest, bis das Fest der drei Magier vorüber war.

Obwohl dem Neuen zugewandt, hängt mein Mann doch sehr am Althergebrachten.

Dich hat man in der Klosterschule auch gelehrt, das Fest „Erscheinung des Herrn" sei das höchste im Kirchenjahr, weil die Welt, vertreten durch die Weisen aus dem Morgenland, an diesem Tag das Licht erkannte.

Aber die Hirten auf dem Felde hatten das Wunder längst erkannt.

Es war für die einfachen Menschen ein ahnungsvolles Erschauern. Sie konnten nicht ermessen, was wirklich geschehen war.

Ist Isa tatsächlich in einem Stall geboren worden?

Ach, bewahre! Es war eine Grotte, in der sich seine irdische Mutter und der Pflegevater kurzfristig einrichteten. Das Paar war auf die Geburt vorbereitet, denn die Menschen aller Zeiten wissen, daß eine Frau zehn Mondenläufe ihr Kind trägt und formt. Als die chaldäischen Magier das Kind Isa suchten, begaben sie sich zum Haus des Josef. Die kleine Familie war längst wieder nach Hause zurückgekehrt.

Nach Nazareth.

Nazareth gab es damals noch nicht. Es war ein kleiner Ort in der Nähe von Bethlehem, den es heute nicht mehr gibt. Nach modernen Begriffen würde es heißen, er wurde „eingemeindet". Erinnere dich: In der Bibel steht, daß zu einer Volkszählung aufgerufen wurde. Die Menschen sollten sich zählen lassen, „ein jeder in seiner Stadt." Josef und seine ihm angetraute - anvertraute - junge Frau ließen sich in Bethlehem eintragen, weil sie zu dieser Stadt gehörten. In den Qumram-Rollen war es geschrieben, aber es wurde von den

Gelehrten vernichtet, denn auch diese Beschreibung der geschichtlichen Wahrheit hätte das Kirchenfundament einmal mehr erschüttert. - Doch wir wollen weiter über meine Feste sprechen.

Welches war oder ist Dein höchstes Fest?

Es sind die Sonnwendfeste. Zwar ordnet man heute die Energie des Tages dem Sonnengeschehen und somit der männlichen Kraft unter, aber das ist in den alten Zeiten nicht so gewesen. Die weibliche Kraft spielte bei beiden Festen eine besondere Rolle. Zu Mittsommer starb der alte König, und der Winterkönig trat leise seine Herrschaft an. Gebar die Göttin zu Mittwinter das Licht, verdrängte dieser junge König wiederum allmählich den Winterkönig. Das sind sehr alte Geschichten, meine Tochter, deren Mysterien das Bewußtsein der Erde und der Menschheit jedoch für alle Zeit geprägt haben. Es ist alles im kosmischen Gedächtnis verankert, und die Rhythmen, die in den heiligen Ritualen frei werden, durchpulsen nach wie vor Raum und Zeit. So kann Verdrängtes wiederkehren und rettend die Disharmonien besänftigen, die entstanden sind, seit ich mich verschleiert habe.

Du bist in den Nebeln von Avalon entschwunden - darf ich diesen Vergleich benutzen?

Gerne. Doch Nebel fallen - irgendwann, wenn das Licht warm und kraftvoll geworden ist.
Das weißt du.

Als wir, mein Mann und ich, im vergangenen Jahr Lugnasadh feierten, mußte ich plötzlich weinen.

Es waren die Erinnerungen, dein Heimweh nach Avalon, das dich überwältigt hat. Du hast deinem Mann ein Fest in der alten Tradition bereitet, warst näher am ursprünglichen Geschehen, was dein Verstand nicht, wohl aber deine Seele wußte. Sobald verloren Geglaubtes an eure Herzen rührt, weicht die Erstarrung, die früherer Schmerz verursacht hat. Das für tot Gehaltene wird lebendig, und Leben will strömen. Deshalb deine, eure Tränen.

Hinter den Schleiern kann ich die alten Feste erkennen und wie wir gefeiert haben. Es ist trotzdem schwierig, sie in diese Zeit zu holen.

Versucht es immer wieder. Ich flüstere mit euch und enthülle euch nach und nach die alten Zeremonien. Manche Zweifler werden wissen wollen, wer die alten Regeln überliefert hat, und ihr antwortet: "Intuition". Auf diese Weise nennt ihr meine Stimme beim Namen. Ich bitte dich noch einmal dringend: Erweitert jedes Jahr den Kreis der Menschen, mit denen ihr, du und dein

Mann, meine Feste begeht. Wenn ich euch einst wieder in meinem Schoß in Empfang nehme, soll es viele geben, die von euch das rechte Feiern wieder erlernt haben.

Das keltische Kornfest wäre jetzt das nächste im Jahreskreis.

Damit wird mein Sohn, der Sonnengott, in all seiner Herrlichkeit geehrt. Er läßt seine zündende Wärme wohltätig der Erde angedeihen. Die Große Mutter hebt ihre Kinder dieser segnenden Wärme entgegen, und unter Lachen und Freude reifen sie zu Leben spendender Nahrung heran.

Es ist dies wirklich ein Fest männlicher Sonnenkraft.

Auch die Mondpriesterinnen begingen das Kornfest, Lugnassad. Zum ersten Vollmond nach dem ersten August - dieser Monat hieß Coll und war dem Haselnußbaum zugeordnet - ehrten mich meine Priesterinnen in einem gesonderten Ritual im Kreise heiliger Steine.

Warteten die Mondpriesterinnen, bis die Ehrung des Sonnengottes beendet war?

Ja, erst danach feierte man den Mond. Er - oder besser sie - bewegt die Säfte und die Wasser dieses

Planeten. Ohne Wasser ist kein Leben möglich, ohne Wasser bildet sich keine Frucht aus. Der werdende Mensch lebt zehn Monde im nährenden Naß im Schoße der Mutter. In jener Zeit sind die Frauen übrigens mit der sanften, mondigen Göttin am innigsten verbunden.

Es ist schade, daß es in der deutschen Sprache „der Mond" heißt. Wer denkt bei diesem Personalpronomen, daß die herrliche Mutter Erde von einer „Trabantin" begleitet wird.

Der Mond gehört der Weißen Göttin, ist eine lebendige, atmende Wesenheit wie die Erde. Raumfahrer, die auf dem Mond gelandet sind, haben davon Kenntnis, sind aber wegen eines häßlichen Wettbewerbs unter den Nationen zum Schweigen verurteilt.

Dennoch geht geheimes Wissen um. Und alle Frauen fühlen das Anschwellen und Abnehmen des Mondes -

so sie nicht durch den Dreck der Welt verseucht sind. Es schmerzt mich besonders, wenn die Älteren, angeblich so Klugen, sich hohnlachend an die Stirn tippen, wenn die neue Generation meiner Priesterinnen die Bewegungen des Mondes in ihrem Körper spüren. Doch schert euch nicht um diese Wracks, die sich selbst abgetakelt haben.

Einst werden auch sie erneut meine Flagge hissen und sich meiner Begleitflottille anschließen.

Du erwähnst die n e u e Generation Deiner Priesterinnen und Priester. Doch je öfter wir Kontakt mit solchen haben, um so deutlicher wird, daß sie alle Erinnerungen an die Urzeit haben. Inkarnieren Deine ehemaligen Priesterinnen und Priester gerade jetzt?

Ja, und auch von anderen Planeten kommen die Verehrenden herbei, damit das Bewußtsein an die Große Mutter schneller erwacht. Es ist keine Zeit zu verlieren, dennoch muß alles in Ruhe heranreifen.

Deine Geduld möchte ich einmal haben, Mutter.

Du bist manchmal wie ein Rennpferd vor dem Start. Paß nur auf, daß du nicht über deine eigenen Beine stolperst, wenn du es zu eilig hast, und sei dir eines großen, hohen Zieles bewußt.

Ich leide an meiner Ungeduld, schäme mich.

Du hast in den Jahrtausenden schon viel bearbeitet - sonst säßen wir beide nicht hier im trauten Gespräch.

Ich sehe trotzdem nichts, wofür Du mich loben könntest.

Laß die Süßigkeit eines mütterlichen Lobes ruhig in dein Herz fließen, Priesterin. Doch ich schenke dir dazu noch einen Rat: Wenn du aus dem Fenster schaust, entdeckst du die Wipfel des nahen Waldes. Siehst du, wie sie sich wiegen in einem leisen Atmen? Oder wie sie mit dem wilden Wind kraftvoll herumwirbeln? Sauge tief den Odem der Bäume ein, und deine unruhige Ungeduld wird stiller Gelassenheit weichen.

Danke für deine Liebe.

*

Die Menschen sind so griesgrämig. Sie werden immer verbitterter. Kaum jemand hält noch ein Lächeln für den Fremden bereit.

Meinst du, sie haben Grund, sich über die Situation zu freuen, die durch egoistische und eitle politische Machenschaften entstanden ist?

Gewiß nicht. Mir scheint, als würde das Geld des einzelnen Bürgers in dunklen Kanälen versickern.

Diese „Kanäle“ sind mit recht großen Hosentaschen ausgestattet, die sich die gierigen Reichen und flachköpfigen Regierungen immer voller stopfen.

Gibt es ein Heilmittel gegen diesen Mißstand?

Erhebt euch, Bewohner eures Staates, und übt schweigenden Protest. Stellt euch vor die Regierungssitze und fordert mit e i n e r Stimme euer Recht der Eingeborenen. Seid niemals drohend oder gewalttätig, aber verweigert euch. Geht nicht mehr zu den Wahlen, deren Ausgang durch die Hetzkampagnen der Parteien untereinander nur ein giftiges und kein gesegnetes Ergebnis bringen könnte. Wer seine Stimme gibt, hat auch ein Recht auf Mitsprache bei allen Entscheidungen. Verschafft euch Gehör durch passiven Widerstand. Ihr habt Beispiele in der Geschichte. Denke an Gandhi, Mahatma - den vom Geist der Großen Mutter beseelten Mensch. Auch er war ein Mann der neuen Zeit, die bereits mit dem Herabsteigen meines Sohnes Isa anbrach.

Gandhi war von Deinem Geist beseelt?

Er ist durch sein Leben ein Vorbild für alle Männer dieser Erde geworden. Er war ein Mann mit Tapferkeit im Herzen, umsichtig, vorausschauend. Dabei handelte er mit vergebender Liebe, weise und immer auf das Wohl und Heil der Menschen bedacht, die seine Zeit mit ihm teilten. In dieses Bedenken schloß er die Menschen aller Völker ein, die diesen Planeten je betreten haben oder verlassen würden.

Er lebte den größten Teil seines Lebens sehr mönchisch. Sollte das ein Ideal für den „neuen Mann" sein? - Mutter, die Luft zwischen Dir und mir vibriert. Lachst Du etwa gerade?

Mich amüsieren deine Gedanken. Ein dauerndes zölibatäres Leben ist widernatürlich. Aber Männer und Frauen sollten immer prüfen, ob der Partner die guten Seelenanteile in ihnen selbst unterstützt. Auf diese Weise entsteht schließlich die vollkommene Ergänzung. Der Planet ist in Gefahr, und ihr habt keine Zeit mehr herumzuexperimentieren. Nur im höchstmöglichen Einklang zweier Seelen entstehen positive Visionen. Wenn Menschen mit der Kraft ihres Geistes solche Visionen beleben, weicht die Dunkelheit dem Licht. Viele Menschen dieser Erde haben das Gute bereits erschaffen. Laßt es endlich hervortreten, indem ihr die Negativität verbannt und der Liebe Raum gebt. Die Erde war ursprünglich ein Planet der Liebe. Gebt ihr das ursprüngliche Wesen zurück.

Geschieht das, indem wir Gutes tun?

Das reicht nicht. Nehmt die Mehrzahl von gut.

Gut. - Güter?

Nein, Güte. Seid in allem gut, und es erwächst Güte. Sie wiederum ist die Herzensdienerin der Liebe. Seid gütig zueinander, und es segnet euch der Friede und erhebt euch die Liebe.

Ermunterst Du uns deshalb, oft miteinander zu feiern?

Begeht wieder die Feste, die früher dem Großen Einen geweiht waren. Tanzt ihr in Freude und Dankbarkeit, wird euch so viel Segen aus dem Urgrund zufließen, daß ihr Mühe haben werdet, ihn zu fassen. Begreife, mein Kind, wo Menschen tanzen, mit dem Herzen singen und scherzen, kann der Mensch dem Menschen nicht zum Feinde werden.

Welch einfache Wahrheit. Sie ist eine Säule des Friedens. Danke.
Gehen wir aber jetzt im Jahresrad Deiner Feste weiter.

Erntedank ist und war ein besonderes Fest. Es wurde die weibliche und männliche Kraft geehrt, durch deren Vereinigung die Erde in Fülle prangte. Auch Alban Elved, das keltische Weinfest, wurde als Feuerfest begangen. Die Menschen umlagerten die Feldfeuer oder bewegten sich in fröhlichen, tanzenden Bewegungen in ihrem Schein. Lieder wurden gesungen, deren Texte nicht ganz so ausgelassen waren wie zu Beltane oder Alban Heffyn. Dankbarkeit kann auch leise Töne und sanfte Worte haben. Außerdem schlich Samhain näher. Die Zeit war nicht mehr fern, da ungewisse Ängste mit kalten Fingern die Gemüter der Menschen ergriff und sie frösteln ließ. Man wußte, daß die Verstorbenen sich allmählich versammelten, um für kurze Zeit die Anderswelt zu verlassen.

Alban Elved wurde zur Herbst-Tagundnachtgleiche begangen. Die letzen Feldfrüchte wurden eingesammelt, Trauben gelesen und Wein gekeltert. Berauschte man sich hin und wieder am Rebensaft?

Zuweilen schon. Wer da aber ins Übermaß geriet und etwa sein Bewußtsein verlor, wurde im günstigsten Falle ausgelacht. Geschah dieses „Mißgeschick" häufiger, luden die Leute einen solchen Gast nicht mehr ein, denn sein schlechtes Benehmen zerbrach die unbeschwerte Atmosphäre der Freude und Fröhlichkeit. Manchmal wurde ein Betrunkener auch aggressiv, bedrohte gar Leib und Leben – oder zumindest die Ehre seiner Mitmenschen. Er wurde daraufhin aus der Gesellschaft ausgeschlossen. Verstehst du, der Sinn für Gemeinschaft war viel ausgeprägter als heute. Jetzt vereinsamen die Menschen sozial, weil man oft bereits die Kinder nicht als Menschen achtet. Schlimm, die Alten werden vielfach als

„Friedhofsgemüse" verachtet. Die ältere Generation sollte immer als Wegbereiter für die Jungen geehrt werden. Ihre Lebenserfahrung und Weisheit ist eines der höchsten Güter jeder Nation. In den alten Zeiten war dies eine Selbstverständlichkeit. Es war meinen Kindern auch bewußt, daß sie einander brauchten, um in den mageren oder von Kriegen verdunkelten Zeiten zu überleben. Heute haben Mißtrauen, Neid und Eifersucht die Hände der Menschengeschwister voneinander gelöst. Tödliche Depressionen greifen um sich, die gefährlicher sind als manche böse Krankheit. Darum reicht euch wieder die Hände, schaut euch in lachende Augen, sprecht zueinander mit Worten der Liebe, so daß sich niemand mehr einsam fühlen muß, auch die Alten und Kranken nicht. Tanzt miteinander auf der Brücke, die Himmel und Erde verbindet.

Welche Brücke, Mutter?

Hebt den Blick und seht die Brücke aus den strahlenden Farben der Liebe.

Wie ein wärmender Mantel erscheint mir Dein Rat.

*

Samhain ist das letzte Fest im Jahreskreis.

Wenn du von den acht Hainfesten der Kelten ausgehst. Natürlich gab es noch anderes zu feiern. Die Menschen suchten dauernd Gründe für ein unbeschwertes, fröhliches Beisammensein.

Samhain, Mutter, ist doch aber ein Tag und eine Nacht, die einen das Gruseln lehren kann.

Man hat es so aufgebauscht. Das geht vom Glauben und der Tradition der Iren aus. Verabschiedete sich das alte Jahr, gab es so etwas wie ein Atemholen zwischen den Jahren. Der Vorhang, der die Welt der Menschen von der Anderswelt trennt, wird auch heutzutage zunächst dünn und durchsichtig. Von beiden Seiten können Botschaften übermittelt werden. Aus deiner neueren Erfahrung ist dir sicher vorstellbar, daß mancher Verstorbene gerne wenigstens für kurze Zeit zurückkehren würde, um zum Beispiel ein Unrecht zu sühnen oder Versäumtes noch zu erledigen.

Du erinnerst mich an meine langjährige Freundin, deren letzter Wille sicher nicht in ihrem Sinn erfüllt wird. Ich kann mir vorstellen, daß sie traurig ist, von „drüben" die Dinge nicht nach ihren neuen Einsichten regeln zu können. So wird es vielen „armen" Seelen gehen. Darum hast Du wohl irgendwann beschlossen, jene unruhigen Geister für eine kurze Zeit aus Deiner Obhut zu entlassen, damit es ihnen möglich ist, noch einmal ihren Lieben - vielleicht sogar auch den Unlieben - zu begegnen, um Versäumnisse zu regulieren.

So ist es. Ich gab den Hütern der Schwelle - unter anderen Frau Holle oder dem Geist der mannhaften Eiche - die Erlaubnis, die Pforten zwischen den beiden Welten für vierundzwanzig Stunden zu öffnen. Ähnliches geschieht zu Beltane, obwohl die Voraussetzungen zwischen dem Wechsel zwischen den unterschiedlichen „Realitäten" etwas anders gelagert sind.

Doch trotz der erhabenen Wächter wanderten auch boshafte Wesen zu den Menschen, Wesen, vom Wunsch erfüllt, zu stören oder gar zu zerstören.

Glaubst du, meine liebe Tochter, irgendetwas auf der Erde geschieht gegen meinen Willen?

Auch das Böse, das Schreckliche, dem wir ohne Verstehen ausgesetzt sind?

Auch das. Ich weiß, woran du gerade denkst. Da ist der Säugling, gerade zwei Monate alt, der vor wenigen Tagen morgens ohne Leben in seinem Bettchen lag.

Die junge Mutter ist an Krebs erkrankt, und dieses Baby hatte der Familie, auch den Großeltern, Halt und Trost gegeben und der Mutter den Wunsch verliehen, unbedingt gesund zu werden.
Warum hast Du das Kind zurückgeholt? Warum nimmst Du diesen Menschen die Hoffnung und den Glauben an den Guten Gott?

In ihrem Schmerz werfen sie mir nun Hoffnung und Glauben vor die Füße. Sie halten sich die Augen zu und sperren das Licht aus. Sie verstopfen sich die Ohren vor den besänftigenden Tönen aus dem Kosmos. Sie leiden so sehr, weil sie sich aus meinen Armen gewunden haben.

Ich danke Dir, Mutter, daß Du mir kein Kind weggenommen hast. Ich glaube, ich hätte einen Fluch gegen alle Himmel und die Erde ausgestoßen und mich ebenfalls aus Deinen Armen gewunden.

Was glaubst du, wie ich reagiert hätte? - Denke gut nach! - Hätte ich mich auf Wolke siebzehn, wie ihr sagt, zurückgezogen und dich böse und schadenfroh betrachtet?

Das würdest Du nie tun.

Richtig. Also: Wie hätte ich auf deinen verzweifelten Zorn geantwortet?

Nach allem, was ich von Dir weiß - es ist wenig in Anbetracht der Vielfalt der Gottheit und des Kosmos -, wäre ich in Deiner unveränderten, vergebenden Liebe geborgen geblieben, auch wenn ich gegen die Gottheit gerast hätte.

Glaube mir, meine Priesterin, wenn meine Menschenkinder leiden, schmerzt mich ihr Kummer, und ich trauere mit ihnen. Ich trauere auch, weil sie noch nicht erkennen, daß das Große Eine niemals etwas nimmt, sondern immer nur gibt.

In diesem speziellen Fall hast Du ein heißersehntes und innig geliebtes Kind wieder in Deinen Schoß geholt. Rühren ihre lauten Schreie nicht an Dein Mutterherz?

Haben sie dir nicht erzählt, wie schwer dem Baby das Atmen gefallen ist? Die Sternengeborenen haben zuweilen Schwierigkeiten mit der schweren Atmosphäre der Erde. Die Ärzte haben die Schwangerschaft voreilig beendet, bevor der kleine Mensch bereit war, ganz ohne die Kraft der Mutter zu leben.

Das Leben der Mutter war in höchster Gefahr.

Behaupteten die Ärzte. Ein Teil der Ärzteschaft entwickelt sich mittlerweile unter der rüden

Diktatur eines „reformierten“ Gesundheitswesens zum Übel in der Welt. Sie haben die Fähigkeit, mitzufühlen, verloren und sind nur noch Ingenieure für Körper. Wo blieben bei den Entscheidungen bezüglich der jungen, schwerkranken Mutter Vertrauen, Hoffnung, die Liebe zu deren Sein und zum keimenden Leben? Wo beten Ärzte heute noch? Durch das kalte Agieren hatte das Babymädchen einen so schlimmen Fehlstart, daß es sich in meine Arme geworfen hat, wohl wissend, daß dies nicht nur zu ihrem eigenen Wohl geschah. Sie wird bald wieder kommen und eine wunderschöne, große Heilerin werden.

Kehrt sie noch einmal zu derselben Mutter zurück? Du schweigst.

Wir wollen uns hier nicht in Wahrsagerei ergehen. Sei sicher: Ich bin unergründlich, voll der Gnade und unermeßlicher Liebe. Aus meinem Tun entspringen Wunder - die ihr jedoch meistens nicht wahrnehmt.

Wenn ich das dieser armen Familie sagen würde, die sich gerade so beraubt fühlt...

Du wirst deinen Mund halten, Priesterin. Reihe dich nicht unter die fanatischen Wüstenprediger. Außerdem: Jene Familie ist nicht völlig „beraubt“.

Nein?

Nein. Sie haben die Liebe zueinander wiederentdeckt und werden sie ab jetzt sorgfältig bewahren. Auch unter unglücklichen Umständen wird diese Liebe weiter wachsen und blühen. Es gibt nichts zwischen Himmel und Erde, was heilender ist als Liebe, gleich in welcher Form sie sich zeigt.

Nun, was ich manchmal sehe, ist eine Liebe, die im Gespann mit Egoismus vor einem Eselkarren geht.

Ein Weiser nennt das Besitzgier. Diese Verirrung des Geistes hat mit Liebe nichts zu tun. Wäre es dir künftig möglich, das zu unterscheiden?

Nicht nur das. Danke für den Hinweis. - Doch, bitte, es ist noch nicht alles klar für mich, was Samhain betrifft. Warum nur machen die Menschen heute dieses Trara mit häßlichen Kürbisfratzen und Gespensterverkleidungen?

Das taten schon die Ahnen. Es war ein mehr oder weniger hilfloser Versuch, „böse Geister“ abzuwehren.

Ach, lassen sich Gnome und Kobolde etwa wirklich von solchem Mummenschanz schrecken?

Natürlich nicht. Aber sie fangen an zu lachen, und wo reine Heiterkeit ausbricht, haben böse Absichten keinen Platz.

Die Pforten waren offen, hast Du gesagt. Gelangten auch reuelose Bösewichter über die Schwellen, obwohl die Wächter achtgaben?

Auch das geschah. Aber erinnere dich. Die Schutzengel der Menschen verlassen in der Anderswelt die ihnen einst anvertrauten Seelen nicht. Der Verstorbene kann seinen Engel jetzt sehen, und der Engel wird Schlimmstes verhindern. Im Kampf mit meinen Boten ist der Mensch immer unterlegen. Da er um vieles schneller ist, wird ein Engel - der von mir alle benötigte Vollmacht hat, gegen das Tun einer verwirrten Seele einzuschreiten – immer die Oberhand behalten.

Es kann uns also durch etwaige heimtückische Schleicher kein nachhaltiges Übel geschehen?

Zumal ihr an Samhain - oder Halloween, wie ihr es heute bezeichnet -ohnehin sehr wachsam seid.
Wenn ich Deine Lehre recht ins Herz lasse, komme ich zu dem Schluß, wir sollten, statt zur Abwehr Fratzen in Kürbisse zu schnitzen, gleich Deine Engel um Hilfe und Begleitschutz bitten.

Im vergangenen Jahr haben dein Freund, der Maler Rino, und du eine Vernissage und Lesung veranstaltet mit dem Thema: "Der Maler und sein Engel". Du hattest starke Bedenken, ob die Leute überhaupt kommen würden, weil der Termin am Abend von Samhain war.

Ja, wenn es nicht wegen der Engel und wegen Rino gewesen wäre, hätte ich abgesagt.

Du hast sogar vor lauter Angst noch eine heisere Kehle produziert.

Mutter, sei so nett und blamiere mich nicht. Ich bin ja hingegangen - und es waren viele Engel dabei.

Hast du dich gefürchtet?

Nicht eine Sekunde, auch nicht auf dem Heimweg gegen Mitternacht.

Leitet Samhain künftig in ein heiliges Fest über. Eßt geweihte Speisen - Birnen und Äpfel, dünstet sie in Milch als Leckerbissen und bereitet einen nahrhaften Eintopf aus Kartoffeln, Wurzelgemüse und Kürbis. Entzündet weiße Kerzen und verbrennt Salbei und etwas Holz von einem Apfelbaum. Bittet das Große Eine, aus dem Urgrund so viele Engel zu entsenden, wie zu eurem Schutz und zum Heil der Erde nötig sind. Wiederholt die Anrufung dreimal und läutet dazu jedesmal eine kleine Glocke. Laßt eine Kerze am 1. November bis zum Abend brennen. Es ist ja der Tag zwischen den Jahren, ein Untag, doch durch einen leisen Kerzenschimmer im Dunkel eurer Stube dringt schon eine Ahnung von dem Licht zu euch, das bald geboren wird. Am 2. November beginnt das neue Jahr. So war es und so soll es in der Neuen Zeit wieder sein.

Warum spielt der Kürbis an diesem Fest so eine große Rolle?

Der ausgehöhlte Kürbis ist seiner Symbolik entkleidet. Schau, wieviele Kerne diese Frucht hat. In ihrer Größe und prallen Reife ist sie ein Zeichen der Fruchtbarkeit der Erde - der Fülle der Göttin. Ehrt den Kürbis und verschandelt ihn nicht.

Mein Mann und ich werden uns bemühen, Deine Feste wieder zu Ehren zu bringen.

Beginnt mit Alban Eiler. Ich rufe euch zu meinen Zeremonienmeistern.

Göttin! Wir sind unwissend und ungeübt. Vor Deinen Gästen möchten wir nicht versagen.

Ich glaube, hinreichend mit dir über den Begriff „Vertrauen“ gesprochen zu haben. Du hast schon einige Male „keine Ahnung“ gehabt, als du ein altes Fest gestaltet hast. Erinnerst du dich, was geschah?

Ich sah vor meinen Augen den Ablauf und konnte sicher das Ritual vollziehen.

Aus deinem Wissen, das du in einigen keltischen Inkarnationen erworben hast, kamen dir auch die richtigen, passenden Worte über die Lippen.

Meine Stimme hat einmal gebebt vor unterdrücktem Weinen. Ich habe mich während des Rituals so nach Dir gesehnt, Göttin, Große Mutter.

Und? Hast du mich wahrgenommen?

Ja, aber das hat die Tränen noch drängender gemacht. Ich sah Dich als Greisin, gebeugt und ausgezehrt, aber aus Deinem Antlitz strahlte das liebevollste Lächeln, das ich je sah.

Weinst du aus Liebe, gefällt es mir. Doch weine nicht aus Sehnsucht, denn dann muß ich denken, du bemerkst nicht, daß ich immer bei dir bin.

Segne Deine Priesterschaft, Mutter, uns alle.

In Ewigkeit.

Die katholische Kirche feiert an Samhain die Verstorbenen.

Dieser Unsinn wird auch eines Tages aufhören. Wer einen bestimmten Tag im Jahr benötigt, um der Heimgegangenen zu gedenken und sie zu ehren, der sollte das Ritual sein lassen, da es allzu leicht zu einer Theaterfarce verkommen kann. Mit Liebe und Dankbarkeit im Herzen dürft ihr für die Verstorbenen eine Kerze anzünden - hin und wieder, an irgendeinem Tag des Jahres. Doch seid euch gewiß: Die Seele ist nicht an ihre letzte Ruhestätte gebunden. In der Regel ist sie auch längst von ihrer Verwirrtheit befreit, die der Aufenthalt in der Anderswelt zunächst auslöst. Die Kirche feiert auch Allerheiligen und meint jene Verstorbenen, die sie kanonisiert hat. Weißt du was, Priesterin? Alle Seelen sind heilig, selbst wenn sie noch bemüht sind, sich aus dem Rad des Karma zu befreien.

Verstehe ich Dich richtig: Du sprichst mit Absicht nicht vom Himmel oder von der Hölle?

Diese Örtlichkeiten hat der Mensch erfunden, um den Menschen durch Angst gefügig zu machen. Mit dem Versprechen auf „Erlösung“, das heißt durch Demut und Armut frei zu werden von Schuld, verpflichtet der Klerus vieler Konfessionen den hörigen Gläubigen zu Gehorsam. Diese Übergriffigkeit auf die göttliche Liebe und Barmherzigkeit hat zur Folge, daß viele meiner Kinder sich wegen ihrer vermeintlichen Sünden verstoßen fühlen und trotz der fließenden Gnade des Großen Einen verzweifeln.

Du sprichst von „vermeintlichen Sünden". Es gibt Fehler, Vergehen - und schließlich auch Verbrechen. Letztere sind doch wohl keine „vermeintlichen Sünden"?

Dennoch ist einem solchen Übeltäter von der Gottheit nicht die Hölle bereitet. Eine Seele wird sich immer nach Licht und Freiheit sehnen, auch wenn es dem menschlichen Bewußtsein nicht unbedingt deutlich ist. Im Leben der Seele zwischen den Verkörperungen werden die aufgeladenen Schulden in vollem Umfang erkannt.
Das bereitet ihr Qualen der Reue, wodurch das heiße Begehren entsteht, den verursachten Schaden wiedergutzumachen. Siehst du, Tochter, das ist die „Hölle", in die sie gerät. Jedenfalls nennt ihr diesen Zustand so. In Wahrheit erhält jeder Mensch durch karmisches Gesetz die Gelegenheit, sich Schritt für Schritt seiner eigenen Göttlichkeit anzunähern, bis er seine ursprüngli-

che Vollkommen-heit erlangt hat und der Vereinigung mit dem Urgrund nichts mehr im Wege steht. Darum merke: Jeder schafft sich wirklich seine eigene Hölle, manchmal bereits zu seinen Lebzeiten auf Erden.

So kann man sich auch seinen Himmel schaffen?

Natürlich. Wann fühlst du dich zum Beispiel befriedet, in Harmonie mit Allem und bist „wunschlos glücklich" - was zu sein ja ein hohes menschliches Ziel ist, das nur selten erreicht wird?

„Der schönste Tag meines Lebens" - oder so ähnlich -, meinst Du das?

Nimm es meinetwegen als Beispiel, um den Begriff „Himmel auf Erden" - oder überhaupt „Himmel" - daran festzumachen.

Wenn ich geschäftiges Leben betrachte, fällt mir nichts ein. Aber nach meiner Krankheit vor elf Jahren hat die Betrachtung kleinster, einfacher Dinge - ein frühes Vogelgezwitscher zum Beispiel, oder eine winzige Blume, die aus einem Mauerspalt drängt - mein Herz mit einer grenzenlosen Freude erfüllt.

Warum?

Ich habe wohl den Segen erkannt, der von der Erde zum Himmel steigt und vom Himmel aus die Erde erwärmt.

Fühltest du dich in diesen Austausch mit einbezogen?

Unbedingt. Ich war umhüllt von Liebe und Segen.

Dies war dein Himmel, Priesterin, in den du eingetreten bist und dessen Kraft dich genesen ließ. - Hast du diesen Himmel inzwischen verloren?

Nein, aber ich nehme seine Fülle nicht mehr so oft wahr, besonders nicht, wenn ich mir Sorgen mache um die Bewältigung des Alltages.

Dann vergißt du sogar, mich um das Not - Wendende zu bitten.

Du läßt mich darben und zappeln, bis ich unter Tränen doch nach Dir rufe.

Was geschieht daraufhin? Berichte, damit andere es hören.

Du bist sofort da und Hilfe wird mir zuteil. Nicht immer gerade die Hilfe, an die ich denke, sondern Du schenkst manchmal eine bessere Lösung oder etwas, das sich im Nachhinein als das Bessere erweist. Diese Einsicht gewinne ich allerdings oft erst nach Jahren. Auf jeden Fall greifst Du schnell helfend und tröstend ein. - Aber warum müssen wir hin und wieder bis zur Unterkante Nasenloch im Schlamm versinken, ehe Du herbeieilst?

Ich bin immer bei euch. Ihr denkt mich nur in die Ferne. Ich bin in euch und ihr seid in mir. Wir sind eine Einheit. Erinnert ihr euch an mich, erinnert ihr euch gleichzeitig auch an die euch innewohnende göttliche Macht. Die Bitte an diese göttliche Macht in euch ist der Schlüssel zur Hilfe und zur Veränderung.

In solchen Augenblicken, da wir Deine Nähe und Zuwendung erfahren, überflutet uns ein Gefühl himmlischer Erleichterung.

Das hast du gut ausgedrückt.

Darf ich noch etwas anfügen, Mutter? - Zur Zeit erfüllt mich jedesmal Glück und Friede, wenn wir zu diesen Gesprächen zusammensitzen. Ist das auch ein Stück Himmel, das Du gewährst?

Ganz gewiß, wenn du es so betrachtest.

Danke.

Seht in allem meine Gegenwart, und ihr werdet euch mehr und mehr vom Inferno der Welt entfremden. Damit setzt ihr einen Anfang, um die Neue Zeit, das goldene Zeitalter, einzuleiten.

Mein Mann und ich haben uns entschlossen, Fernsehen und Zeitung abzuschaffen. Weil wir das getan haben, werden wir von einigen Mitmenschen als weltfremd und desinformiert gescholten.

Laßt sie mit ihrer Kritik allein. Ihr gebt auf diese Weise den finsteren Energien keine Nahrung, weil ihr ihnen eure Aufmerksamkeit und Angst entzieht. Das Böse braucht Beachtung. Vergeßt es einfach - dann löst es sich irgendwann auf.

Das klingt in einigen Ohren sicher kindisch und ist wohl nach menschlichem Ermessen wirklich blauäugig.

Kindlich - nicht kindisch. Die Blauäugigen haben außerdem einen unverstellten Blick in das Licht des Friedens. Daran entzünden sie ihre Fackeln, um die Welt der Dunkelheit zu entreißen. Meine Priesterschaft, Frauen und Männer, sind durch dieses Licht die Boten und Wegbereiter für den Frieden.

Amen, Göttin, Amen!

12

Mutter, habe ich Dich schon einmal nach außerirdischem Leben gefragt?

Viele Male haben dich solche Gedanken und Fragen bewegt. Doch was du tatsächlich meinst, ist, ob es Außerirdische gibt.

Ich bin eigentlich davon überzeugt. Lese ich aber gewisse Berichte, kommen mir Zweifel. In der Regel sind diese Wesen vom Äußeren als häßlich beschrieben. Humanoide Formen eines fremden Lebens sind für das ästhetische Empfinden der Menschen eben - sagen wir - sehr gewöhnungsbedürftig. Hin und wieder werden Zeichnungen oder verschwommene Fotos veröffentlicht. Die abgebildeten Gestalten sehen aus wie vermenschlichte Insekten, wirken wie absurde Roboter. In den dazugehörigen Berichten wird zudem meist die Grausamkeit geschildert, mit der Menschen, die „entführt" wurden, untersucht oder Behandlungen an Bord von Raumschiffen unterzogen werden. Dadurch werden diese Personen unter anderem angeblich für ihr künftiges Handeln programmiert. Diese sogenannten „Abducties" werden oft über Jahrzehnte den erlittenen Schock nicht los, zumal die Vorkommnisse durch so etwas wie Gehirnwäsche ins Unterbewußte abgedrängt wurden. Ich habe es schwer, solche Zeugenaussagen zu glauben, denn sie erschüttern mein Bild von unseren Freunden aus dem All auf das Empfindlichste.

Du hast andere Vorstellungen?

Deine Frage ist provokativ, denn Du kennst meine Bilder. Meine Wahrnehmungen oder Kontakte - ich weiß nicht, wie ich es nennen soll - waren durchweg positiv. Das einzige Mal, als kleine, merkwürdige Wesen zu mir kamen, war ich auf den Tod erkrankt und lag in einer Klinik. Ein rundes Raumschiffchen, eine Shuttle vielleicht, kam durch die Wand, und die kleinen, freundlichen grauen Männlein machten sich an den Schläuchen und Apparaturen zu schaffen, an denen ich damals angeschlossen war. Obwohl diese Wesen sehr fremdartig auf mich wirkten, habe ich mich keine Sekunde gefürchtet. Sie verschwanden nach ihrer Arbeit sehr schnell wieder durch eine Wand zwischen zwei Fenstern.

Dir wurde telepathisch übermittelt, daß man dir zu Hilfe kam.

Ich war mir des Guten, das man mir antat, sehr sicher und wußte, sie unterstützten die Arbeit der Engel, die mich außerdem versorgten. Ich meine hier nicht die Krankenschwestern. Mir waren sofort die Qualen genommen, unter denen ich bis dahin gelitten hatte: Angst, Schmerzen und ein unsäglicher Durst. Wie lange dieses Eingreifen dauerte, kann ich nicht sagen. Wenn Du mir jetzt erklärst, ich sei im Koma gewesen und hätte geträumt, muß ich das hinnehmen - mit leisem Bedauern.

Ich sage das aber nicht zu dir.

Das habe ich auch nicht wirklich erwartet.
Bei den anderen „Begegnungen" - alle nachts - bin ich sogar mit einer Ufo-Besatzung gereist. Ich habe selten so schöne Wesen gesehen. Eine freundliche Gelassenheit ging von ihnen aus, und in ihren strahlenden Augen, besonders in denen der Kommandantin, lag ein Ausdruck verstehender Liebe. Ich erfuhr nicht, wohin der Flug ging, und selbst als wir gelandet waren, blieb mir die Örtlichkeit unbekannt. Noch tagelang nach diesem „Ausflug" hielt mich das Erlebte gefangen, und schließlich wurde mein Wunsch nach einer Wieder-holung der Reise ziemlich intensiv.

Du warst noch einmal unterwegs.

Mit demselben Raumschiff und derselben Pilotin. Als ich meinte, wir würden den Südpol anfliegen, wurde mir endlich erklärt, es sei der Planet Neptun mit seiner ungewöhnlichen blau-grünen Vegetation und dem diffusen Licht. Aber man lebt dort ja auch nicht auf der Oberfläche, wie ich begriff.

Bist du zum Vergnügen gereist?

Du hast es wunderbar eingefädelt, Mutter, mir durch die Sternengeschwister, denen ich dort begegnet bin, eine Lektion im Geduldhaben zu verpassen. Ich bin überzeugt, derlei „Einsätze" sind immer meisterliche Lehrstücke, die Du für uns inszenierst. Und genauso bin ich überzeugt, daß unsere Phantasie nicht ausreicht, sich ein solch ein ungewöhnliches Theaterstück auszudenken, wie ich es erlebt habe und wie es zur Zeit viele andere Menschen auf dieser Erde erleben.

Wo liegt dein Problem?

Warum erfahren die einen Menschen Horrorgeschichten mit bedrohlichen Ungeheuern, und die anderen begegnen den Bewohnern anderer Sterne in ihrer vollkommenen Schönheit?

Das hat etwas mit Urerlebnissen zu tun, mit schrecklichen Bildern von Geschehnissen, die entweder einst selbst erlitten wurden oder von anderen aus den morphogenetischen Feldern aufgefangen werden. Eine zunehmende innere Reinheit wird solche „häßlichen" Visionen mit der Zeit tilgen.

Gab und gibt es innerhalb der Galaxien Planeten, die von für uns monströsem Leben bevölkert sind?

Ja, aber die Hinwendung meiner Erdenkinder und die der Sternenmenschen zur göttlichen Liebe und somit zur Allheilung wird auch Teile meiner inzwischen entarteten Schöpfung zu ihrem vollkommenen Sein zurückführen. Dann erscheint wieder überall mein Siegel - vollendete Schönheit.

Habe ich Dich jetzt richtig verstanden: Menschen, in deren Seelen noch viel Disharmonie herrscht, bieten den furchterregenden Außerirdischen eine Angriffsfläche, während die in sich ruhenden und dem Großen Einen zugewandten Menschen von jeglichen Übergriffen verschont bleiben?

Ja, denn hier gilt das Gesetz „Gegensätze ziehen sich an" nicht. Möchtest du deine Frage, ob es in meiner Schöpfung in anderen Galaxien, auf fernen Planeten, ebenfalls menschliches Leben gibt, wiederholen?

Nein, Deine Ausführungen - unsere Erörterungen - haben meine Frage genügend beantwortet. Bei näherem Nachdenken hätte ich sie auch nicht stellen müssen. Du bist die Fülle, die Macht und die Herrlichkeit. Du verkörperst die allumfassende Liebe und bist der Weisheit hellster Schein. Warum sollte sich das Füllhorn Deines Reichtums nur über diesem Planeten ausschütten? Warum sich Deine Kreativität in den irdischen Formen erschöpfen? Ich wünsche und hoffe, daß viele Menschen diesen Glauben teilen, daß wir im Universum, in den Universen, als verehrende Wesen des Großen Einen nicht allein sind.

Die Zeit bricht an, da ihr euch untereinander verständigen könnt. Die gegenseitige Liebe, die erblühen wird, macht endlich Streit und Krieg unmöglich. Das Begreifen der Verbundenheit mit der sichtbaren und unsichtbaren Welt, mit allem Leben, wird dauernden Frieden bringen: Ihr seid Eins und Eins mit dem Urgrund.

Bitte, Mutter, senke die Sehnsucht nach Einheit und Frieden tief in die Herzen aller Menschen. Dadurch kann sich der verhängnisvolle Abgrund schließen, an dessen Rand wir herumhüpfen.

Ich werde dein Gebet wie eine kostbare Rose an meinem Herzen bergen.

13

Du hast am 21. Dezember das Licht geboren, Große Mutter. So wird es jedenfalls heute als Wintersonnwende geschrieben. Jetzt feiern wir bald, am 2. Februar, Imbolc/Oimelc. Imbolc bedeutet „im Bauch", und wer sehen kann, der nimmt tief in Deinem Schoß die keimende Saat wahr. Wieder bereitest Du Dich vor, Leben zu gebären.

Ich bin die Große Mutter, die unermüdlich Leben-Hervorbringende. Seit ich die Schöpfung geboren habe, schreite ich in der Zeit von Geburt zu Geburt. Dies wird unaufhörlich geschehen.

Du bist Energie, und Funken Deiner Energie sind das beseelende Element im Kosmos.

Schau, Tochter, Energie geht niemals verloren. Vielleicht schwächt sich ihre Schwingung etwas ab, doch der Funke, wie du es nennst, bleibt erhalten.

Wohin entschwindet Energie?

Halten wir uns ein faßbares Bild vor Augen: Ich sammle sie wieder ein, diese Funken. Sie kreisen zunächst, suchen ihren Ursprung. Mit offenen Armen heiße ich sie willkommen, und freudig lassen sie sich schließlich in meinem Schoß bergen. Es ist nicht Hoffnung oder Glaube, sondern Gewißheit für diese Seelenfunken oder Energiebündel, daß sie wiederverkörpert, das heißt in anderer Gestalt, ihr Leben fortsetzen.

Sind Seelen zuweilen unglücklich, wenn sie eine neue Gestalt annehmen, um, wo auch immer, ihr Karma zu bewältigen?

Solange sie bei mir sind, um die Kraft zu regenerieren, wissen sie, daß ein erneutes Dasein eine Chance ist, eine aus Liebe geschenkte Möglichkeit, die Vibrationen ihrer individuellen Energie soweit zu erhöhen, bis es nichts Trennendes mehr zwischen dieser und dem Ursprung gibt.

Während Deiner Erklärung, Mutter, ist vor meinen Augen eine Szenerie von einer Horde ungezogener Kinder entstanden, die erst nach strenger Zucht eine würdige Vertretung des hohen Elternpaares sein können.

Ich malte dir dieses Bild zum besseren Verständnis, aber wisse: Die Entschlüsselung der geheimnisvollsten Mysterien bis zur vollkommenen Klarheit wird euch nicht gelingen.

Auch nicht, wenn unsere geläuterten Seelenfunken sich mit Deinem strahlenden Glanz endgültig vereinen?

Dann ist das Ich das Du, und das Du ist das Ich. Was für Fragen sollten sich in diesem Zustand ewiger Verzückung noch erheben?

Das ist der Zustand, da wir in Dich eingegangen sind, uns in Dir aufgelöst haben?

Ihr seid mit dem Großen Einen der Urgrund.

Hört dann jedes selbständige Sein auf?

Ja, und doch bleibt jeder von euch immer ein Individuum. Dieses Selbst ist das Alles.

Das ist folgerichtig, wenn es keine Dualität mehr gibt, wie Du anfangs sagtest. Trotzdem verstehe ich es nicht, und der Gedanke, mich in etwas Unfaßbarem aufzulösen, ist doch eher beängstigend.

Freue dich am Hier und Jetzt und vertraue der behütenden Liebe des Großen Einen. Doch es sei dir versprochen: Du wirst weiterhin Mitschöpferin sein, denn der Zeugende und die Gebärende in der Einheit ihrer alles umfassenden Liebe erschaffen Universum um Universum, formen Leben und beseelen Sein. Wie könnte Vielfalt entstehen ohne die schaffende Inspiration vieler?

Schließlich wird der Kreislauf von Verführbarkeit, Stolz, Irrtum und Verrat von neuem beginnen? Wie deprimierend!

Durch was wird das Paradies wahrgenommen?

Durch Fülle, Frieden, Wunschlosigkeit, stelle ich mir vor.

Woher glaubst du zu wissen, daß du im Paradies bist?

Nun, durch den Vergleich mit der Wüste, der Ödnis.

Aha. Aus Legenden, Überlieferungen ist dir bekannt, daß die Götter, beziehungsweise Halbgötter und Göttinnen im Elysium irgendwann anfingen, sich zu langweilen.

Oh, Mutter, nein: So wirst Du wieder die Dualität schaffen. Obwohl sie überwunden war, brauchen wir sie offensichtlich.

Um das Gold vom Flitter zu unterscheiden. Ihr seid nach dem Ebenbild der Gottheit geschaffen und mit der Würde der Göttlichkeit gekrönt. Euer freier Wille ist der Königspurpur, der euch als Mantel umhüllt.

Das bedeutet zugleich hohe Verantwortung.

Und Freiheit. Ihr werdet niemals zum Guten gezwungen, indem euch gar nichts übrigbleibt, als es zu tun, weil ihr keine Möglichkeit der Wahl habt.

Die Verklärung und Verzückung, die wir in der Einheit mit dem Urgrund erfahren, wird uns die irgendwann einmal wieder genommen?

Wenn euch etwas anderes besser gefallen würde. Die Gottheit muß euch die Wahl lassen. Da ihr mit der Gottheit Galaxien, Universen, Welten und vielformiges Sein erschafft, müßt ihr die Wahl haben, müßt euch entscheiden können. Sonst wäret ihr Sklaven und keine göttlichen Wesen.

Göttin, ich höre Deine Worte, und ich glaube Dir. Mein Verstand kann Deine weisen Lehren jedoch nicht erfassen.

So bewahre und behüte sie in deinem Herzen als einen Schatz, der dich stets nähren und trösten wird.

Eine heikle Frage, Mutter: Haben wir, Deine „Funken", im Urgrund ein Geschlecht?

Ihr seid göttlich. Die Gebärende und der Zeuger vereinen in höchster Harmonie in sich die weiblichen und männlichen Elemente. Diese Ausgewogenheit der Kräfte ist euch im Urzustand ebenfalls zu eigen.

Mutter, bist Du auch Vater?

Ja, aber vergiß nicht: Der Vater kann nicht gebären.

Die Mutter kann nicht zeugen.

Aus mir heraus, aus meinem Willen und meiner Liebe, aus meiner Sehnsucht nach dem anderen Ausdruck meines Wesens, mit der mir innewohnenden Kraft, habe ich das erste Mal geboren. Ich gebar den männlichen Gott, jenen Gott, der seither mit mir der Urgrund ist.

Und die anderen Götter - den des alten Testamentes zum Beispiel - und die Göttinnen -

Halbgötter und Halbgöttinnen, die menschlicher Irrtum auf einen Platz gestellt hat, der ihnen nicht gebührt. Diese Irrtümer haben eine Spur von Blut und Grauen durch die Geschichte der Menschheit gezogen, ohne Unterlaß, bis heute. Denn für gewisse Institutionen bilden diese Irrtümer die Grundlage für einträgliche Geschäfte. Ich werde dir zu diesem Thema vielleicht zu einem späteren Zeitpunkt mehr sagen.

Später?

Wenn die Menschen reifer, unabhängiger und wachsamer sind. Dann werden meine Wahrheiten keine Revolten oder Verfolgungen mehr auslösen.

Später - ich sauge mich an dem Wort „später" fest. Heißt das, liebe Mutter, Du wirst zu irgendeiner Zeit diese Gespräche mit mir fortsetzen?

Auch über dich möchte ich mit meiner Priesterschaft sprechen, mit den Frauen, in denen die Erkenntnis geweckt werden soll, daß sie a l l e , ob sie es wissen wollen oder nicht, meine Priesterinnen sind. Ich muß und werde das oft betonen. Meine Priester sind jene Männer, deren Begehren dahin geht, mir meinen Platz in dieser Welt zurückzuerobern. Für diese ritterlichen Männer ist die Suche nach dem Gral beendet, denn sie wissen: Das heilige Gefäß bin ich. Seit der Gral verlorenging, das heißt, seit die Existenz der Göttin mit Feuer und Folter aus dem Bewußtsein der Menschen vertrieben wurde, verdorrten die Äcker, wurden die Wälder entlaubt, die Wasser verseucht und die Luft verpestet. Der Kosmos atmet Liebe aus, aber wenn die Antwort Respektlosigkeit, Mißachtung und Töten ist, wird der göttliche Atem müde. Doch ohne diesen Odem muß Leben verderben.

Was können wir nur tun?

Frauen, nehmt die Männer an die Hand, lehrt sie Liebe, besonders die Liebe ohne Begehren. Im Begehren steckt Gier, und dieser Gierismus bringt das tödliche Versiegen des Lebensstromes mit sich. Meinen Priesterinnen eingeboren ist die Kraft verzeihender Liebe. Seid mutig, wagt es, diese Liebe wieder strömen zu lassen, indem ihr aufzeigt, daß ich, die Göttin, die Große Mutter, der Urquell dieser Liebe bin. Nehmt eure Kinder aus den Steinwüsten heraus und lehrt sie, mit behutsamen Füßen über das Erdreich zu gehen. Lehrt sie hören und lehrt sie sehen, denn ich werde mit den vielen Stimmen der Natur die jungen Menschen meine unendliche Liebe lehren. Dadurch werden ihre Augen geöffnet, und sie erkennen in allem meine Schönheit. Schönheit muß man lieben, das ist ein Urbedürfnis eines gesunden Geistes, und was geliebt wird, möchte man nicht zerstört sehen. Seid streng zu den Kindern, deren Herz durch schlechte Beispiele mit bösen Bildern geschwärzt ist. Mit Strenge meine ich, daß ihr ihnen auf der Spur bleibt, tagaus, tagein. Nehmt ihnen häßliches Kriegsspielzeug weg, verbietet Videospiele, die rohe Gewalt und Terrorakte zum Inhalt haben. Schafft das Fernsehen als Babysitter ab und nehmt ihnen nichtssagende Comics weg. Doch das alles wird nicht den Nutzen bringen, der das Übel wendet, wenn ihr eure Kinder nicht mit guter, fleischloser Nahrung versorgt. Übersüßte Getränke und Naschereien sind genau so schlimm wie Fastfood und genmanipuliertes und chemisch gedüngtes Obst und Gemüse. Denkt ihr diesbezüglich nicht um, habt ihr immer mehr kranke Kinder, krank an Körper, Seele und Geist, weil ihnen das Licht fehlt.

Wir haben aber meist keinen Garten, in dem von uns gehegte Nahrung wachsen kann.

Das weiß ich. Doch ihr habt Naturkostläden und Bio-Bauern im Umland eurer Städte. Kauft hauptsächlich dort ein und nicht nur in den großen Ketten.

Es ist zur Zeit wenig Geld unter dem Volk, und das Wenige nimmt ständig ab.

Wenn ihr in den Läden mit bevorzugter Nahrung einkauft, wird das Handelsgut preiswerter. Ihr seid durch gute Nahrung auch schneller gesättigt. Das heißt, ihr müßt nicht so viel in euch hineinschlingen, um keinen Hunger mehr zu haben

In den großen Märkten gibt es inzwischen auch schon biologisch angebaute Ware.

Paßt gut auf, ob diese Ware nicht nur neben dem Edlen gelegen hat. Augenwischerei ist fast zum Volkssport geworden.

Wie ist das mit Fleisch essen? Es herrschen sehr unterschiedliche Auffassungen darüber.

Es wird immer Menschen geben, die das nicht lassen können. Diese sollten wenigstens zusehen, daß die Tiere artgerecht gehalten und auf würdige Weise geschlachtet wurden. Ich empfehle im übrigen den Fleischfressern, einer Schlachtung beizuwohnen und dem Tier dabei in die Augen zu schauen. Das endet mit Sicherheit den Kannibalismus, denn in den Augen der Tiere könnt ihr den gleichen lebendigen Funken entdekken, wie er auch euch innewohnt, und die gleiche Todesangst, die euch quälen wird.

Es heißt, manche Tiere wollen als Nahrung dienen und opfern sich.

Woher will der Mensch das wissen? Und - warum sollten sie, da die Erde viel mehr Nahrung bietet, als alle Menschen, die jetzt auf ihr leben, brauchen. Die derzeitigen Hungersnöte haben etwas mit der Nahrungsverteilung zu tun. Aus Geldgier, damit die Preise steigen, wird Nahrung vernichtet und somit Bedürftigen vorenthalten. Amerika geht mit übelstem Beispiel voran. Doch wisse: Der Prasser und Verschwender, in diesem Falle sogar der Mörder, da unzählige Kinder und Erwachsene an Hunger sterben, wird irgendwann der Darbende sein, dessen Leib krank und faulend weggeworfen werden wird.

Nennen wir das karmischen Ausgleich?

Das ist Ausdruck der Gerechtigkeit des Großen Einen. Jede Ursache hat eine Wirkung. Drücke auf einen Schalter, und eine Glühbirne leuchtet. Halte deine Hand in ein loderndes Feuer, das du entfacht hast, und du verbrennst dich.

Ich möchte Dich noch zur Situation der Frau in der heutigen Zeit befragen.

Das darfst du gerne, aber erst morgen. Du bist nämlich jetzt sehr müde.

Ich werde mich in Deinem Schutz gleich zur Ruhe begeben.

Sei gewiß: Du bist immerdar behütet, meine Tochter.

Es ist beklemmend, die Realität zu sehen, nämlich wie Familien in der heutigen Zeit leben müssen, und dazu von Dir zu hören, was für die Entwicklung unserer Kinder wichtig ist. Es fällt wie Schuppen von den Augen, und man kann nicht umhin zu erkennen, daß sehr viele Mangel an Leib und Seele leiden.

Du meinst, Familien müssen so leben, wie sie zur Zeit leben?

Ja, Mutter, der Materialismus hat sich erschreckend ausgebreitet. Der Unterschied zwischen arm und reich wird immer klaffender.

Fairerweise mußt du sagen: Die Armen werden ärmer und die Reichen immer reicher. Es gibt genug Geld - die Münzen sind nicht weniger geworden. Doch das vorhandene Geld fließt in dunkle Kanäle, wo es Ratten zur Nahrung dient. Den Machthabern fehlt es an segnenden Händen, wie sie die Gott-Königinnen und Gott-Könige in alten Zeiten hatten. Heute sind den Regierenden Klauen gewachsen, und sie ähneln eher Raubtieren als sorgenden Landesvätern. Sie be“klauen“ und berauben besonders jene Brüder und Schwestern, deren Ethik und Moral es verbietet, sich das, was ihnen rechtmäßig zusteht, mit Gewalt anzueignen. Viele von denen, die sich dennoch ihr Recht erkämpfen möchten, werden ermordet.

Würdest Du trotzdem einen Geldkrieg empfehlen?

Um der irdischen Reichtümer willen hat es Verfolgungen und blutige Kreuzzüge gegeben, Kriege, die mit alles verschlingenden Waffen geführt wurden. Es gibt nur wenige Völker auf dieser Erde, die sich im Verlaufe der Menschheitsgeschichte nicht an diesem mörderischen „Monopoly" beteiligt haben. Es waren jene, die an meiner Hand gingen, bei mir wohnten und dankbar die Nahrung entgegennahmen, die ich ihnen anbot.

Das waren die Urvölker, vermute ich.

Es waren und sind die Urvölker, die mich erkennen und ehren. Es sind die Mütter, die Frauen, die Priesterinnen, die das Brot, alle Nahrung, aus meiner Hand durch ihre Hände zum Leben spendenden Segen erhoben haben und erheben. Wieder erinnere ich dich – euch: Jede Frau ist meine Priesterin. Früher verrichteten sie die Dinge des Alltages im Zwiegespräch mit mir und weihten auf diese Weise alles, was sie taten.

Sie beteten.

Nicht in der Form, wie Gebet heute verstanden wird und darum vielen Menschen so große

Schwierigkeiten bereitet. Nein, sie wußten mich bei ihnen, sie fühlten mich in sich, und so teilten sie mit mir alles, was sie taten, wie mit einer guten Freundin, wie ihr vertrauensvoll euer Tun und Lassen mit euren Müttern teilen solltet, indem ihr im Gespräch mit ihnen bleibt und von ihrer zunehmenden Weisheit profitiert. Die Frauen bereiteten Nahrung und hüteten das Feuer. Sie trösteten die Betrübten und weil sie mir so nahe waren, heilten sie fast alle Kranken. Die Männer wurden durch die Kraft der weiblichen Rituale unterstützt, wenn es für sie galt, das ihrige zum Erhalt des Stammes zu tun. Frauen konnten sich auf die Männer verlassen, und Männer vertrauten dem weiblichen Wissen, zu dem sie keinen Zugang hatten.

Aber auch Männer hatten ihre Riten.

Diese waren sehr geheim, doch ebenfalls kraftvoll. In der frühen Zeit schielte man nicht gegenseitig neidisch auf das Wissen und Können des anderen. Frauen und Männer wurden als unterschiedlich respektiert. Es gab nur eine Macht über allem. Die Große Mutter, die das Leben gab und das Leben in ihren Schoß, in die Erde, zurücknahm. Die Männer verbeugten sich vor den Frauen, denn in ihnen sahen sie das Abbild der Großen Mutter. Ich erinnere euch immer wieder an jene Vergangenheit, denn sie war eine Zeit, wo Liebe und Frieden walteten. Die Familie, der Clan, war für sie der Kosmos im Kleinen. Kannst du dir das vorstellen und jene Geisteshaltung aus einer tiefen Gläubigkeit nachempfinden?

Das kann ich und es macht mich sehnsüchtig.

Ich möchte, daß diese Sehnsucht nach Liebe und Frieden wie ein Brand durch die Welt lodert und alles Böse vertilgt. Jenes Böse, das mit dem ersten Konkurrenzdenken entstanden ist.

Die Apfelgeschichte - zum dritten Mal in diesen Gesprächen!

Es war das „So-Sein-Wollen" wie der andere. Dabei wurde nicht erkannt, daß die im Menschen innewohnende Göttlichkeit nicht den Gegensatz zwischen den Geschlechtern ausmachte. Es war der erhöhte Anteil der weiblichen Gottheit in der Frau, der vom Manne eifersüchtig beobachtet wurde. Seitdem ihr die Erde betreten hattet, habt ihr einander ergänzt. Die Kraft der Frauen hat die Kraft der Männer in Vereinigung zu höchster schöpferischer Energie erhoben. Die wenigen Männer und Frauen der ersten Zeit waren ausnahmslos Zwillingsflammen und bildeten zusammen mit der Gottheit die Macht einer dreifachen Flamme. Nach dem, was du die „Apfelgeschichte" nennst, trachtet ihr in prahlerischer Gottlosigkeit, das heilige Feuer zu ersticken. Doch ihr sollt wissen: Ihr könnt euch so Gott-los geben wie ihr wollt: Ihr seid die Ebenbilder der Gottheit, und das Siegel der Göttlichkeit ist tief in eure Seelen eingebrannt. Wenn ihr euch demnächst erinnert, wird zunächst läuternd eine Welle der Scham und Reue durch die Welt fluten. Das wird den Urgrund für euch schließlich wieder in gleißendem Glanze erstrahlen lassen.

Was Du gerade sagst, hört sich nach Endzeit-Prophezeiung an.

Oh, nein, meine Tochter! Das Aufleuchten des Urgrundes wird der Beginn einer neuen, goldenen Ära der Menschheit sein.

Demnach die Rückkehr ins Paradies?

Ja, denn es ging euch nicht verloren, sondern ihr habt durch Ignoranz das Tor verriegelt und die Schlüssel der Weisheit und Intuition fortgeworfen. Sieh, ich halte diese Schlüssel in meiner Hand und warte, daß ihr mich nach eurem Erwachen zur ewigen Wahrheit bittet, sie euch wieder auszuhändigen.

Es werden wohl unsere Kinder und Kindeskinder sein, die Dich um die Rückkehr in das verlorene Paradies bitten werden.

Wenn ihr mit euren Kindern sorgsam umgeht, ist die Neue Zeit nicht allzu fern. Bittet mit ihnen, und euer sehnsuchtsvolles Verlangen wird gestillt werden.

Du hast gestern viele Hinweise gegeben zur Gestaltung unseres Alltages.

Ich habe Dir vorhin zu erklären versucht, was Du ohnehin weißt: Heute müssen die Mütter in den meisten Fällen mitarbeiten, um das Nötigste für den Lebensunterhalt aufzutreiben. Dazu sind viele Mütter alleinerziehend, warum auch immer, und so sind eine Menge Kinder tagsüber auf sich gestellt. Wenn sie Glück haben, besuchen sie einen Kindergarten, Hort oder eine Ganztagsschule. Das sind dann jene, die nicht herumlungern müssen oder nach der Schule auf ein leeres Nest stoßen, wo niemand ist, der ein müdes, hungriges Schulkind in den Arm nimmt, sich die kleinen oder großen Sorgen anhört und die freudigen Erlebnisse mit ihm teilt. Die abends heimkehrenden Erwachsenen sind müde, oft ungeduldig, und es beginnt ein Teufelskreis der Vereinsamung, der manchmal in Verrohung führt, bei allen Beteiligten.

Menschen, die verlernen ihre Gefühle zu äußern, tun zuweilen schlimme Dinge, um irgendwelche körperlichen, geistigen oder seelischen Regungen zu spüren. Wir haben die Probleme von Eßsucht, Alkoholismus und

Drogensucht auch schon bei Jugendlichen und sogar bei Kindern. Es ist eine Flucht aus der Welt, die häufig durch Kriminalität und Prostitution finanziert wird.

Während du jetzt gesprochen hast, bist du immer lauter geworden und hast angefangen zu weinen. Du siehst keinen Ausweg, scheint mir.

Nein. Aber ich bin eine Frau, und Du hast mir erlaubt, mich als Deine Priesterin zu erkennen. Darum möchte ich helfen. Viele Frauen wollen heute Karriere machen - wenn sie schon arbeiten müssen. Warum sollen sie im Getriebe dieser Welt nicht zeigen, daß sie einen Verstand haben, den man ihnen seit Jahrtausenden abgesprochen hat? Verdenkst Du ihnen das?

Wie könnte ich? Doch der Weg, sich mit den Männern messen zu wollen und das Weibliche in langen Hosen, verwegenen Reden und lautem politischen Geschrei zu verbergen, ist falsch. Bekennt euch zu dem, was ihr seid - Mitschöpferinnen der Großen Mutter. Die Welt ruft nach dem Mütterlichen - erhört endlich diesen Ruf. Schau einmal: Wer schreibt Bücher und ergeht sich zuweilen fast wollüstig in den Schreckensbildern des Niedergangs, der qualvollen Auflösung, einer erbarmungslosen Apokalypse? Fast immer sind Männer die Autoren solcher Traktate. Doch wenn meine Priesterinnen ihre seit Anbeginn innewohnenden Heilkräfte einsetzen, werden Männer endlich wieder zu Vätern. Mit Hilfe der „Mütter“ wird sich in ihnen das Urbedürfnis erneut entfalten, das Gezeugte zu bewahren und zu behüten.

Wäre das die Rettung?

Das wäre die Rettung, doch noch hofft ihr auf Erlösung von außen. Was besserte sich dadurch?

Für die erschöpfte Erde und ihre Kinder könnte vielleicht mit einem Schlag alles gut sein.

Wie sollte denn so ein „Schlag“ aussehen? Zunächst Feuer und Schwefel vom Himmel und schließlich Auferstehung wie Phönix aus der Asche?

Wenn Du das sagst, klingt es lächerlich, aber ich muß zugeben, so ähnlich habe ich mir das vorgestellt.

Was wäre gebessert?

Alles - hoffentlich.

Wenn ein Mensch stirbt, der wenig Gutes zu seinen Lebzeiten getan hat, verwischt sich das Gesamtbild mit der Zeit, und plötzlich war der Verblichene das edelste Wesen. Auch du hast dich schon manchmal darüber mokiert.

Es ist wirklich häufig so. Das Ungute verliert mit der Zeit seinen Biß.

Auch die Fehler, die ihr gemacht habt, die euch Schaden zufügten, verlieren allmählich ihren „Biß".

Ja, dankenswerter Weise.

Und ihr begeht diese Fehler nie wieder?

Jetzt hast Du mich erwischt, Mutter. Zugegeben, wir lernen selten auf Dauer aus unseren Fehlern, besonders nicht, wenn ein lieber Mensch den Schaden für uns ausbügelt. Wir werden eben in den seltensten Fällen aus Schaden klug.

Ihr müßt an der Heilung der Erde und der Menschheit arbeiten, selbstvergessen und opfernd, meine Priesterschaft. Lernt verzichten, lernt teilen, lernt schweigen.

Schweigen?

Ja, denn es ist sinnlos, einem bösen Wort ein anderes böses Wort entgegenzusetzen.

Halte ich meinen Mund, denkt der andere, ich bin blöd und er hat recht.

Kehre ihm den Rücken zu. Abwenden ist sehr beredtes Schweigen. Du setzt eine Grenze, indem du deine Würde achtest und dich nicht auf das niedere Niveau des anderen herabläßt. Der Streithammel wird vielleicht für einen Moment zornig werden, oder die Brust wird ihm in arrogantem Stolz schwellen. Segne ihn im Stillen und entferne dich. Das ist für ihn eindringlicher und schwerer zu schlucken als eine harte Zurechtweisung. Mit deinem Verhalten hältst du nicht etwa die andere Wange hin, sondern du gibst Zwistigkeiten keine Chance. Außerdem wird Abgrenzung deinerseits deine Heilenergien nicht irritieren.

Du bietest uns keinen bequemen Weg an, der aus dem Abgrund führt.

Die Mühsal ist zum Besten für euch. Das Paradies, das euch einst geschenkt ward, verdient ihr euch, wenn ihr der euch innewohnenden Göttlichkeit vor dem Menschsein den Vortritt laßt. Der Planet Erde gilt bei den anderen Wesenheiten dieser Galaxie als ein Juwel. Es wurde euch anvertraut, nicht damit ihr es euch untertan macht, um es auszubeuten und gegen die Geschöpfe, die auf ihm leben, mörderisch vorzugehen. Ihr alle solltet in Frieden miteinander leben, und ihr solltet die Liebe der Gottheit, die ihr mit jedem Atemzug einatmet, beim Ausatmen über alle Schöpfung hinströmen lassen. So würde der

Glanz dieses Planeten nicht nur wiederhergestellt, sondern noch verstärkt. Seit ihr eure Göttlichkeit vergessen habt und euer Tun nicht mehr von Liebe gelenkt wird, habt ihr das Gleichgewicht der Kräfte empfindlich gestört. Die Menschheit ist zu einer intergalaktischen Gefahr geworden. Doch ich werde nicht zulassen, daß auch nur ein Iota meiner Schöpfung dem Verderben anheimfällt, ich werde nicht zulassen, daß eines meiner Kinder verlorengeht. Versammelt euch, meine Priesterinnen und Priester, vereint eure heilenden Kräfte in Liebe für den Frieden. Bildet meine Vorhut, denn seht: Ich, die Große Mutter, die Göttin, nähere mich nach Jahrtausenden der Verbannung aus eurem Gedächtnis, aus euren Herzen. Ich komme, um meine Schöpfung mit meinem mütterlichen Segen und dem Licht aus dem Urgrund zu erfüllen.

Wir machen uns bereit, Mutter, Dich willkommen zu heißen.

Es wird so sein - es geschieht.

Wir machen uns bereit, Mutter, Dich willkommen zu heißen.

Es wird so sein - es geschieht.

Danksagung

Nach diesen Gesprächen mit der Göttin werde ich immer mit Dankbarkeit und Freude Ihr gegenüber erfüllt sein. Und auch mein Staunen über das Geschenk Ihrer Liebe und Verlässlichkeit, die sich in der Betrachtung der Natur und des Jahreskreises offenbaren, wird immer neu entfacht werden.

Nachdem die Niederschrift des Dialoges beendet war, ist mein Mann der Beschützer der Botschaften gewesen. Von ihrem Wahrheitsgehalt überzeugt, hat er viele Helfer gefunden, die ihm als Verleger mit Rat und Tat zur Seite standen. Ich umarme ihn für seine Beharrlichkeit und Kreativität.

Selbstverständlich danke ich an dieser Stelle auch den Menschen, die sich bei der Produktion des vorliegenden Buches als „Geburtshelfer“ betätigt haben. Alle kann ich sie nicht mit Namen nennen – es waren wirklich viele.

Zu meiner Lektorin Anna-Christine Raßmann hat sich sofort ein tiefgreifendes Vertrauen eingestellt, wie es unter den Töchtern der Großen Mutter sein sollte. Dr. phil. Oliver Geldszus, den wir scherzhaft Ritter Gawain nennen, hat das Schlußlektorat übernommen. Auch ihm durften wir vertrauen, denn er hat sich als Mann der Neuen Zeit erwiesen, von denen viele in Zukunft für die Heilung der Mutter Erde gebraucht werden.

Meiner Freundin Britta Möbius – wir sind Herzensschwestern – gilt ebenfalls ein besonderer Dank. Durch ihre indianische, schamanische Arbeit mit der *Flowering Tree* Methode hat sie mein inneres Kind geheilt, wodurch die „Gespräche mit der Göttin“ erst möglich wurden.

Geliebte Große Mutter, laß bitte allen Menschen, den ungenannten und den genannten, Deinen Segen zuteil werden.

Vita

Christel Katharina Deutsch

Christel Katharina Deutsch studierte Publizistik, Theaterwissenschaften, Kunstgeschichte und Psychologie. Nachdem sie viele Jahre als Zeitungs- und Rundfunkjournalistin gearbeitet hatte, entschied sie sich, Heilpraktikerin zu werden. Diesen Beruf übt sie, neben der Schriftstellerei, heute noch aus. Zur Zeit lebt sie mit Ihrem Ehemann in einem Vorort von Berlin.

Vorankündigung

„ISA
Gespräche mit dem kosmischen Bruder"
(Trilogie Band II - erscheint im Frühjahr 2006)

„Heimweh nach AVALON"
Erscheint im Herbst 2006

Weitere Bücher von Christel Katharina Deutsch

Und mein Engel weinte.

Ein ermutigender Erlebnisbericht

Dieser autobiographische Erlebnisbericht führt durch das bewegte Leben der Berliner Heilpraktikerin und Autorin Christel K. Deutsch. Sie schildert auf ergreifende und humorvolle Weise, wie ihr Schutzengel sie seit ihrer Kindheit begleitet. Er steht ihr nicht nur in den Herausforderungen des Alltags zur Seite, sondern hilft ihr auch, innere Hürden zu überwinden und das Bewußtsein weiterzuentwickeln. Dieses Buch ermutigt dazu, durch Zuwendung und Bitten eine Beziehung zum eigenen Schutzengel aufzunehmen und daduch in den Wirrnissen des Lebens immer wieder Trost zu schöpfen und Halt zu finden. 128 Seiten, gebunden

€ 12,- / Fr. 21.60

Engelgeschichten für Kinder... und andere Menschen

Kinder sind die Hoffnungsträger für die Heilung der Erde und für den Frieden unter den Völkern. Es ist notwendig, sie in dem Bewußtsein aufwachsen zu lassen, von Gott geliebt und von Seinen Boten, den Engeln, beschützt zu werden. Das gleiche gilt auch für alle anderen Menschen, egal, wo sie geboren sind und wo sie leben. Dieses wundervolle Buch umfaßt 19 Geschichten um Engel und Menschen, die Herz und Verstand gleichermaßen berühren – bezaubernd illustriert von der zwölfährigen Anne Heins. Eine besondere Empfehlung für äußere und innere Kinder. 108 Seiten, gebunden
durchgehend farbig illustriert,

€ 16,- / Fr. 28.80

Engel sprechen

Im Frühahr 1988 und zum Jahresanfang 1990 empfängt Johanna – so der ihr verliehene Name – als Kanal die Botschaft der Engel für die Menschheit. Der Engel des Feuers, der Engel des Lichtes, die beiden Engel der Erde - einer für die nördliche und einer für die südliche Halbkugel – sowie der Engel des Wassers erheben ihre Stimmen und lassen das Heilige OM zur Mahnung und Verkündigung ertönen.
Das heraufziehende Zeitalter des Lichtes erfaßt unseren Planeten Erde. Wir alle sind aufgerufen zum Gebet für den Frieden der Welt und ihre Heilung. **ISBN 3-9802651-0-2**, 111 Seiten
Paperback, zur Zeit vergriffen, wird wieder aufgelegt

€ 10,- / Fr. 15.-

Haltet Frieden

Der Friedensappell des SIRIUS VERLAG

Gedanke und Bilder zur Weltsituation mögen dazu beitragen, Frieden zu halten. Informationen und Leseprobe auf der Homepage: www.haltet-frieden.de

ISBN 3-9802651-4-5, Broschüre, 35 Seiten gedruckt auf 100 % Recycling-Papier mit ökologischen Druckfarben (earth-colors)

€ 5,- / Fr. 8.- / 3 Stck. € 10,- / Fr. 16.- Mengenrabatt bitte erfragen

Der Maler und sein Engel

25 Engelbilder des Malers Rino Axt mit Texten von Christel Katharina Deutsch

Diese einmalige Kunstmappe im Format DIN A4 zeigt 25 Aquarelle auf Karton bester Qualität. Gehalten durch eine Klemm-Bindung, sodaß man die Bilder entnehmen kann (um sie z. B. zu rahmen oder zu verschenken). Hergestellt in der Manufaktur einer Behinderten-Werkstatt. Eine bibliophile Kostbarkeit und ein ideales Geschenk zu fast allen Gelegenheiten.

ISBN 3-9802651-5-3

€ 38,- / Fr. 59.-

von beiden Autoren handsignierte Exemplare auf Anfrage lieferbar
Sonderanfertigung für Firmen (auch personalisiert) möglich

The Artist And His Angel
Englische Version von „Der Maler und sein Engel"

ISBN 3- 9802651-6-1

€ 38,- / Fr. 59.-

Ein Teil der Bucherlöse
fließt als Spende
in die

SIRIUS STIFTUNG
zum Wohle der Wale und Wälder

www.siriusstiftung.de
www.siriusfoundation.com